Das große

# Kissen

## NÄHBUCH

## Autorinnen:

Rabea Rauer und Yvonne Reidelbach/www.kinkibox.de (S. 8, 14–17, 33, 39–47, 50, 55–64)
Petra Hoffmann (S. 10, 12, 19–29, 36, 52)
Heidi Grund-Thorpe (S. 34)

## Fotos und Illustrationen:

Ullrich Alber: alle Modellfotos
Fotolia.com: © RoyStudio (Stoffhintergrund), © RainLedy (Icons Nähutensilien)


**Was bedeutet …**

**… ein „Rest"?** Als Rest gelten alle Stoffstücke, die kleiner als 35 cm x 35 cm sind.

**… der Schwierigkeitsgrad?** Zu jedem Modell ist ein Schwierigkeitsgrad angegeben, dargestellt durch kleine Garnrollen. Eine Garnrolle bedeutet „einfach", diese Modelle sind relativ schnell umzusetzen, auch für Nähanfänger. Die Modelle, die mit zwei Garnrollen gekennzeichnet sind, haben einen mittleren Schwierigkeitsgrad. An die Modelle mit drei Garnrollen sollten Sie sich nur mit etwas Übung und Geduld wagen, sie sind etwas aufwendiger.

**… der Vergrößerungsfaktor?** Fast alle Schnittmuster in diesem Buch sind verkleinert abgebildet. Bitte vergrößern Sie alle Schnittmuster auf den jeweils angegebenen Prozentwert. Schemazeichnungen entsprechen ebenfalls nicht der Originalgröße.

**… dieser Pfeil → auf den Schnittmusterseiten?** Dieser Pfeil zeigt auf jedem Schnittmusterteil die Strichrichtung bzw. den Fadenlauf des Stoffes an.

**Extra-Service: Alle Schnittmuster auch zum Download**
Alle in diesem Buch enthaltenen Schnittmuster haben wir für Sie auf unserer Webseite zum Download als PDF-Dateien bereitgestellt. So können Sie sich die Vorlagen im Format DIN A4 ausdrucken. Das Zusammenfügen mehrseitiger Schnittmuster ist nicht schwierig: Eine Anleitung hierzu finden Sie auf der Webseite. Für den Download der Schnittmuster sind ein PC mit Drucker, ein Internetzugang sowie der Adobe® Acrobat® Reader erforderlich.

**Hier geht es zu den Schnittmustern:**

www.naumann-goebel.de/kissennaehen

Alles ♥ HANDGEMACHT

Das große

# Kissen

## NÄHBUCH

26 TOLLE IDEEN für Deko-, Sitz- & Schlafkissen

# Inhaltsverzeichnis

## Kissen für Kinder 48

# Deko- und Zierkissen

# Kissen mit Blütenmotiv

SCHWIERIGKEITSGRAD: 

GRÖSSE: *40 cm x 40 cm*

## Das brauchen Sie:

**Lageplan, Schnittmuster S. 67 (ganze Blüte, halbe Blüte), Schablonen (ganze Blüte, halbe Blüte)**

- 3 verschiedene Baumwollstoffe, je 80 cm breit, 15 cm lang (Stoffe 1, 2, 4)
- Baumwollstoff, 90 cm breit, 45 cm lang (Stoff 3, auch für die Rückseite)

Achtung: Wenn Sie ein großes Muster, wie bei zwei der Stoffe dieses Modells, anpassen wollen, empfiehlt sich die doppelte Stoffmenge für den entsprechenden Stoff!

- Baumwollstoff, 45 cm breit, 45 cm lang (Stoff 5, für die Vorderseite)
- farblich passendes Garn
- Federkissen, 40 cm x 40 cm

**SO WIRD'S GEMACHT:**

*Zuschneiden*

Die Vorder- und Rückseite mithilfe von Geometriedreieck und Schneiderkreide parallel zur Webkante zuschneiden.

aus Stoff 1 und 2: je 8x ganze Blüte, inkl. 5 mm Nahtzugabe;

aus Stoff 3: je 4x ganze Blüte, 8x halbe Blüte, inkl. 5 mm Nahtzugabe, 2x Rückseite = 42 cm breit, 30 cm lang, inkl. 1 cm Nahtzugabe;

aus Stoff 4: 4x ganze Blüte, 8x halbe Blüte, inkl. 5 mm Nahtzugabe;

aus Stoff 5: Vorderseite = 42 cm breit, 42 cm lang, inkl. 1 cm Nahtzugabe

Insgesamt 24 ganze Blüten und 16 halbe Blüten als Heft- und Bügelschablonen kopieren und sorgfältig mit der Papierschere ausschneiden.

**1** Alle Blüten jeweils mittig mit einer Stecknadel auf je einer Schablone fixieren, die rechte Stoffseite zeigt dabei nach außen. Die Nahtzugabe um die Papierkante schlagen und mit großen Heftstichen rings um die Papierschablonen heften. Lediglich die gerade Kante der halben Blüte nicht einschlagen, dies ist die Nahtzugabe von 1 cm, die später in der Kissennaht verschwindet. Anschließend alle Blütenblätter bügeln, sodass die Nahtzugabe eingeklappt liegen bleibt. Dann alle Heftfäden lösen und die Papierschablonen entfernen.

**2** Auf die Vorderseite des Kissens mit Schneiderkreide ringsherum die Nahtzugabe von 1 cm aufzeichnen. Dann ein Raster mit je vier Quadraten à 10 x 10 cm pro Reihe zeichnen. Auf diesem Raster die Blütenblätter anordnen (siehe Lageplan) und mit Stecknadeln fixieren.

**3** Alle Blütenblätter ringsherum mit feinen Handstichen aufnähen, dabei die Anstoßpunkte der Blattspitzen immer wieder korrigieren.

**4** Die beiden Rückseiten an je einer langen Kante zweimal 2 cm einschlagen und bügeln. Anschließend diesen Umschlag knappkantig festnähen. Die beiden Rückseiten rechts auf rechts auf die Vorderseite legen, dabei überlappen die beiden Umschläge. Nun bei 1 cm rings um die Kissenhülle nähen und die Nahtzugabe mit Zick-Zack-Stich oder der Overlockmaschine versäubern. Die Kissenhülle umstülpen, bügeln und das Federkissen einsetzen.

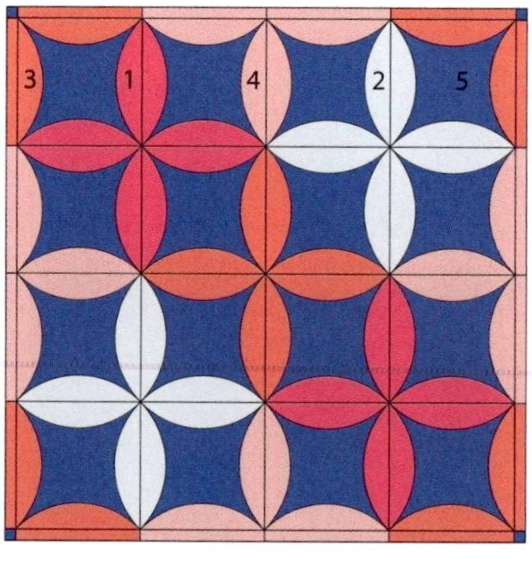

Lageplan

# Kissen mit Fotoprint

SCHWIERIGKEITSGRAD:

GRÖSSE: 29,7 cm x 21 cm

## Das brauchen Sie:

**Schnittmuster S. 66**

- 3 Bogen Kreativ-Stoff zum Bedrucken, DIN A4
- Baumwollstoff in Hellbraun, 100 cm breit, 25 cm lang
- dünnes Bügelvlies, einseitig klebend, 90 cm breit, 50 cm lang
- Füllwatte
- farblich passendes Dekoband, ca. 1 cm breit, 24 cm lang
- Kordel in Rot, ø ca. 8 mm, 350 cm lang
- farblich passendes Garn
- Motivvorlage nach Wahl

Hinweis: Die Motive für die Kissen können Sie ganz individuell auswählen: Ob Lieblingsbilder aus Büchern, Postkartenmotive oder eigene Fotos – Sie brauchen diese einfach nur abzufotografieren oder zu scannen und am Computer auf das Format DIN A4 vergrößern. Für diese Kissenserie wurden drei unterschiedliche Ausschnitte eines Bildes gewählt.

**SO WIRD'S GEMACHT:**

*Zuschneiden*

(Hinweis: Der Kreativ-Stoff wird zunächst bedruckt, beide Stoffe werden anschließend mit dem Bügelvlies verstärkt und danach zugeschnitten.)

aus Kreativstoff: 3 x Kissen, inkl. 1 cm Nahtzugabe;

aus hellbraunem Baumwollstoff: 3 x Kissen, inkl. 1 cm Nahtzugabe

**1** Zur Kontrolle das gewünschte Motiv erst auf einem Bogen Papier ausdrucken, dann auf dem Kreativ-Stoff (bitte unbedingt die Hersteller-Anweisung beachten!). Die Druckereinstellungen dabei auf „hohe Kontraste" und „hohe Qualität" einstellen. Für eine Kissenserie bietet es sich an, unterschiedliche Bildausschnitte zu wählen. Auch hier zur Kontrolle das Foto erst auf einem Bogen Papier ausdrucken, dann auf dem Kreativ-Stoff.

**2** Die bedruckten Stoffstücke bei niedriger Temperatur von der Rückseite bügeln. Durch die Wärme lässt sich die Trägerschicht aus Papier leicht und rückstandslos abziehen.

**3** Das Dekoband in drei Stücke von 8 cm schneiden und mittig falten. Je eine Motiv- und eine Kissen-Rückseite rechts auf rechts legen. An einer Seite das Dekoband zwischen beide Stofflagen legen, die Schlaufe zeigt nach innen, die offenen Kanten liegen in der Nahtzugabe. Die Stofflagen ringsum zusammenstecken, dann füßchenbreit zusammennähen. Eine Wendeöffnung von ca. 8 cm an der langen Seite lassen.

**4** Die Nahtzugabe an den abgerundeten Ecken einschneiden, das Kissen wenden, die Kanten ausformen und anschließend bügeln.

**5** Die Kordel dicht an den Kissenrand und mittig unter den Nähfuß der Maschine legen. Mit einem breiten Zick-Zack- oder Zierstich die Kordel an den Kissenrand nähen. Anfang und Ende der Kordel liegen unsichtbar in der Schlaufe des Dekobandes. Die Naht an der Wendeöffnung zum Füllen der Kissen aussetzen.

**6** Die Kissen mit Füllwatte ausstopfen. Die Vorder- und Rückseite an der Wendeöffnung exakt übereinanderstecken. Die Wendeöffnung durch das Annähen der Kordel schließen.

### Tipp

**Wer möchte, probiert bei der digitalen Bearbeitung des Motivs verschiedene Effektfilter aus oder fügt seinem Bild noch einen individuellen Text hinzu.**

# Süßes Dekokissen

SCHWIERIGKEITSGRAD:

GRÖSSE: *ca. 33 cm x 33 cm*

## Das brauchen Sie:

- Baumwollstoff in Weiß mit Punkten, 40 cm breit, 30 cm lang
- Baumwollstoff in Türkis mit Kokeshi-Print, 40 cm breit, 50 cm lang
- Lace-Reißverschluss (Reißverschluss mit Rüschenborte) in Rot, 40 cm lang
- Kissenfüllung, 35 cm x 35 cm
- farblich passendes Garn

**SO WIRD'S GEMACHT:**

*Zuschneiden*

(Hinweis: Alle Maße sind inklusive Nahtzugaben.)

aus gepunktetem Baumwollstoff:
1x Kissen-Oberteil 37 cm breit, 24 cm lang;

aus Baumwollstoff mit Print:
1x Kissen-Unterteil 37 cm breit, 48 cm lang

**1** Die beiden Stoffe rechts auf rechts an einer 37 cm langen Kante bündig aufeinanderlegen, bei 1 cm Nahtzugabe an dieser kurzen Seite zusammennähen. Die Nahtzugabe auseinanderbügeln.

**2** Die offenen kurzen Kanten jeweils zweimal 1,5 cm einschlagen, die Kanten bügeln.

**3** Beide Seiten des geöffneten Lace-Reißverschlusses nacheinander an die gebügelten Kanten auf die rechte Stoffseite stecken und annähen.

**4** Den Reißverschluss schließen und den Stoff wenden, die Nahtzugabe zeigt nach außen. Die Stoffmuster jeweils deckungsgleich übereinanderlegen. Eine offene Seite bei 2 cm Nahtzugabe zusammennähen. Den Reißverschluss ca. 10–15 cm öffnen, dann die zweite Seitennaht schließen.

**5** Die Nahtzugaben in den Ecken und die Überlänge des Reißverschlusses zurückschneiden. Die Nahtzugaben auseinanderbügeln. Zum Schluss den Reißverschluss ganz öffnen und die Kissenhülle wenden, die Kissenfüllung einsetzen.

### Tipp

**Wer sein Kissen ganz persönlich gestalten möchte, näht seitlich einfach noch ein individuelles Label ein.**

# Farbenfrohes Birnenkissen

SCHWIERIGKEITSGRAD:

GRÖSSE: *52 cm x 38 cm*

## Das brauchen Sie:

**Schnittmuster S. 68 (Vorder-/Rückseite, Blüte, Kreisrüsche), Schablone**

- Baumwollstoff, 60 cm breit, 60 cm lang (Stoff 1, für Vorderseite und Kreisrüsche)
- Baumwollstoff, 60 cm breit, 60 cm lang (Stoff 2, auch für die Rückseite)
- 2 Baumwollstoffe, je 30 cm breit, 20 cm lang (Stoffe 3 und 4)
- 3 Baumwollstoffe, je 15 cm breit, 20 cm lang (Stoffe 5, 6 und 7)
- farblich passendes Ripsband, 1,5 cm breit, 20 cm lang
- farblich passendes Garn
- Füllwatte
- ggf. Haftvlies, 10 cm breit, 10 cm lang (für die Mitte der Kreisrüsche)

**SO WIRD'S GEMACHT:**

*Zuschneiden*

aus Stoff 1: 1x Vorderseite, inkl. 1 cm Nahtzugabe, 1x Kreisrüsche, inkl. 5 mm Nahtzugabe;

aus Stoff 2: 1x Rückseite, inkl. 1 cm Nahtzugabe, 1x Blüte, inkl. 7 mm Nahtzugabe;

aus Stoff 3 und 4: je 2x Blüte, inkl. 7 mm Nahtzugabe;

aus Stoff 5, 6 und 7: je 1x Blüte, inkl. 7 mm Nahtzugabe;

aus einem der Stoffe: 1x Mittelpunkt Kreisrüsche (siehe Schnittmuster Kreisrüsche)

**1** Die Stoffe für die Blüte nach Belieben nebeneinanderlegen. Zunächst je zwei Teile rechts auf rechts an einer der geraden Kanten bei exakt 7 mm zu einem Viertel zusammennähen und die Nahtzugabe auseinanderbügeln. Dann je zwei Viertel genauso zusammensetzen. Zuletzt die beiden Hälften zusammennähen.

**2** Die Bügelschablonen auf die linke Stoffseite der Blüte legen, Stück für Stück die gerundeten Außenkanten 7 mm nach innen um die Schablonen bügeln. Die Blüte entsprechend der Markierung auf der Vorderseite der Birne feststecken und mit möglichst unsichtbaren Handstichen ringsherum aufnähen.

**3** Die Mitte der Kreisrüsche entweder mit Haftvlies oder mit Heftstichen entlang der Außenkante links auf links mittig auf der Kreisrüsche befestigen. Einen Faden in eine Handnähnadel fädeln, die Enden miteinander verknoten. Die Außenkante der Kreisrüsche 5 mm nach innen klappen und mit kleinen, gleichmäßigen Heftstichen rings um die Kreisrüsche nähen. Wieder am Anfang angekommen, den Faden anziehen und so die Außenkante einkräuseln, bis nur noch ein kleiner Punkt der Mitte der Kreisrüsche zu sehen ist. Den Faden mit einigen Stichen vernähen. Die Kreisrüsche zurechtformen, mittig auf der Blüte platzieren und ringsherum mit unsichtbaren Handstichen aufnähen.

**4** Das Ripsband quer zur Hälfte falten, entsprechend der Markierung mit den offenen Kanten nach außen auf der rechten Stoffseite der Birnen-Vorderseite platzieren und mit einer

knappkantigen Naht vorfixieren. Vorder- und Rückseite der Birne rechts auf rechts aufeinanderstecken und ringsherum bei 1 cm zusammennähen, dabei eine Wendeöffnung lassen. Die Nahtzugabe ringsherum einschneiden, die Birne wenden und mit Füllwatte ausstopfen. Die Wendeöffnung mit einigen Handstichen schließen.

# Kissen im Mustermix

SCHWIERIGKEITSGRAD:

GRÖSSE: *60 cm x 30 cm*

## Das brauchen Sie:

**Lageplan, Schnittmuster S. 69 (Rechteck abgeschrägt groß, Rechteck abgeschrägt klein, Dreieck groß, Dreieck klein)**

- 3 verschiedene Baumwollstoffe, je 110 cm breit, 30 cm lang (Stoffe 1–3)
- Baumwollstoff, 110 cm breit, 50 cm lang (Stoff 4, auch für die Rückseite)
- farblich passender Nahtreißverschluss, 60 cm lang
- farblich passendes Garn
- Federkissen, 60 cm breit, 30 cm lang

Lageplan

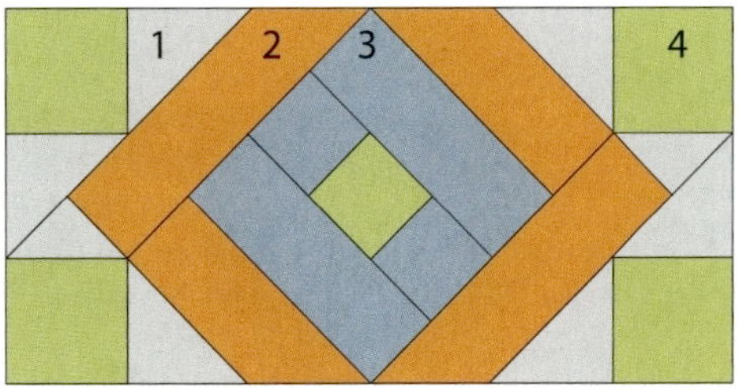


**SO WIRD'S GEMACHT:**

*Zuschneiden*

Schneiden Sie die Rechtecke und Quadrate am besten mithilfe eines Rollschneiders und eines Patchworkquadrats parallel zur Webkante des Stoffes zu. Natürlich können Sie auch mit Schneiderkreide, Geometriedreieck und Stoffschere arbeiten. Achten Sie darauf, die Quadrate und Rechtecke exakt und rechtwinklig auszuschneiden.

Die Nahtzugabe ist bei den folgenden Angaben und Schnittmustern inklusive und beträgt 7 mm.

aus Stoff 1: 6x Dreieck groß, 2x Dreieck klein;

aus Stoff 2: 2x Rechteck abgeschrägt groß, 2x Rechteck abgeschrägt klein;

aus Stoff 3: 2x Rechteck groß = 22,5 cm breit, 8,5 cm lang, 2x Quadrat klein= 8,5 cm breit, 8,5 cm lang;

aus Stoff 4: 4x Quadrat groß = 11,5 cm breit, 11,5 cm lang, 1x Quadrat klein = 8,5 cm breit, 8,5 cm lang, Rückseite = 61,5 cm breit, 31,5 cm lang

①

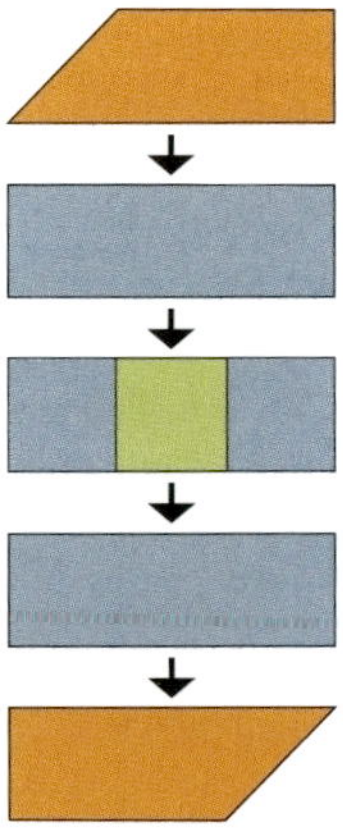

②

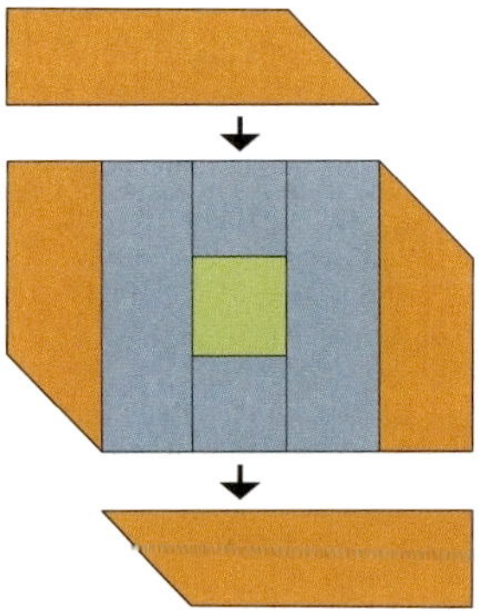

③

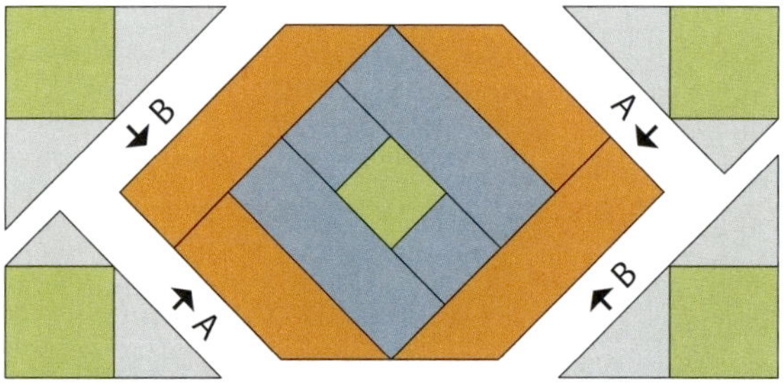

*1* Alle Stoffstücke ringsherum mit Zick-Zack-Stich oder der Overlockmaschine versäubern. Die Stoffstücke des mittleren Blocks nebeneinanderlegen (Skizze 1). Zunächst die drei mittleren Quadrate zu einem Streifen bei exakt 7 mm zusammennähen. Dann die insgesamt fünf Reihen zusammensetzen. Der Stoff liegt dabei immer rechts auf rechts, alle Nahtzugaben auseinanderbügeln.

*2* Die zwei übrigen großen abgeschrägten Rechtecke rechts auf rechts an die langen Seiten des mittleren Blocks nähen (Skizze 2), anschließend die Nahtzugabe auseinanderbügeln.

*3* Die Dreiecke zuerst an die Quadrate nähen (Skizze 3), dann die mit → A markierten Stücke an den mittleren Block setzen, zuletzt die mit → B markierten Teile annähen. Der Stoff liegt dabei immer rechts auf rechts, alle Nahtzugaben auseinanderbügeln.

*4* Die Seiten des geöffneten Reißverschlusses jeweils rechts auf rechts auf die unteren Kanten der Vorder- und der Rückseite des Kissenbezugs legen. Nun in der Rille, möglichst nah an den Reißverschlusszähnchen, nähen. Anschließend den Reißverschluss ein Stück schließen und den Kissenbezug, beginnend am Reißverschlussanfang, ringsherum bis zum Reißverschlussende zusammennähen. Der Stoff liegt dabei rechts auf rechts. Den Bezug umstülpen, bügeln und das Federkissen damit beziehen.

# Upcycling: vom Kleid zum Kissen

SCHWIERIGKEITSGRAD:

GRÖSSE: *hier 55 cm x 35 cm* (abhängig vom jeweiligen Kleidungsstück)

## Das brauchen Sie:

- Kleid, Hemd oder Bluse mit interessantem Muster und Kopfleiste in der vorderen Mitte
- farblich passendes Samtband, 1,5 cm breit, Länge entsprechend der gewählten Kissengröße, hier 60 cm lang
- farblich passendes Garn
- Kissenfüllung in passender Größe

**SO WIRD'S GEMACHT:**

**1** Die maximale Größe des Kissens hängt von der Größe des gewählten Kleidungsstücks ab. Um die Größe des Kleidungsstücks maximal auszunutzen, die Seiten- und Schulternähte auftrennen, die Knöpfe bleiben dabei geschlossen. Kragen und Ärmel, wenn vorhanden, abschneiden.

**2** Das Vorder- und das Rückteil bügeln, dann beide Teile in gleich große Rechtecke schneiden.

**3** Das Samtband parallel zum Übertritt der Knopfleiste auf das Vorderteil stecken. Die Knopfleiste öffnen, das Samtband knappkantig aufsteppen. Die Knöpfe wieder schließen.

**4** Vorder- und Rückteil rechts auf rechts legen, mit Stecknadeln fixieren und ringsum bei 1 cm zusammennähen. Die Nahtzugabe an den Ecken knapp zurückschneiden.

**5** Die Knopfleiste öffnen, die Kissenhülle wenden und die Füllung einlegen. Die Knöpfe wieder schließen.

### Tipps

Kleidungsstücke mit interessanten Stoffmustern findet man oft günstig in Secondhand-Läden.

Sollte der Übertritt an der Knopfleiste sehr schmal sein, kann sich die Knopfleiste nach dem Einlegen der Kissenfüllung leicht wellen. Dann einfach mit ein paar Handstichen verdeckt den Übertritt an den Untertritt nähen.

# Pomponkissen

SCHWIERIGKEITSGRAD:

GRÖSSE: **50 cm x 50 cm**

## Das brauchen Sie:

**Schnittmuster S. 77**

- Cordsamt in Dunkelgrün, 110 cm breit, 55 cm lang
- Wolle in Pink und Rot, je 100 g
- Wolle in Hellgrün und Türkis, je 4 m lang
- Sticknadel
- Markierstift
- Pomponschablonen in zwei Größen nach Wahl (im Kreativ-Fachhandel erhältlich)
- farblich passendes Garn
- Füllwatte

**SO WIRD'S GEMACHT:**

*Zuschneiden*

aus Cordsamt: 2x Vorder-/Rückseite 52 cm breit, 52 cm lang, inkl. 1 cm Nahtzugabe (die Ecken gleichmäßig abrunden)

**1** Acht kleinere Pompons, je vier in Rot und Pink, mithilfe der Schablonen anfertigen und vier größere aus beiden Farben gemischt. Den Faden zum Abbinden der Pompons bei ca. 20 cm Länge belassen.

**2** Auf der Rückseite eines der Stoffquadrate parallel zu allen Stoffkanten die Markierung für den Vorstich in Türkis und Grün einzeichnen: Der Abstand zur Kante beträgt 7 cm (in Türkis) bzw. 10 cm (in Grün), die Stichlänge 1,5 cm, der Stichabstand 5 mm (die Stiche der beiden Farben etwas versetzt zueinander einzeichnen). Die Linien aussticken, die Garnenden vernähen.

**3** Jetzt den Kreuzstich in Pink auf der Rückseite einzeichnen: Die Stichgröße beträgt ca. 1,5 cm x 1,5 cm, der Stichabstand 5 mm. An den Ecken den Stich etwas anpassen, damit die Kreuze exakt in den grün-türkisen Vorstichquadraten sitzen. Die Kreuze aussticken, die Garnenden vernähen.

**4** Vorder- und Rückseite der Kissenhülle rechts auf rechts legen. Ringsum bei 1 cm zusammennähen. An einer Seite eine Wendeöffnung von ca. 15 cm lassen.

**5** Die Kissenhülle wenden. Die großen, zweifarbigen Pompons durch die Wendeöffnung in den Ecken fest annähen. Kissenhülle mit Füllwatte ausstopfen, dann die offene Kante von Hand schließen.

**6** Die Fäden zum Abbinden der acht kleinen Pompons jeweils durch die Sticknadel ziehen. Die Sticknadel senkrecht durch das ganze Kissen stechen und den Faden fest anziehen. An der Ausstichstelle einen weiteren Pompon als Gegenstück genauso anbringen, den Faden jeweils am Pompon der rückwärtigen Seite fest verknoten und abschneiden.

### Tipp

**Der Zuschnitt mit abgerundeten Kanten wird ganz einfach, wenn man zunächst zwei Quadrate zuschneidet, dann einen runden Gegenstand wie z. B. ein Trinkglas in den Ecken anlegt und die Kontur zum Ausschneiden nachzeichnet.**

# Designkissen aus Stoffkreisen

SCHWIERIGKEITSGRAD:

GRÖSSE: *40 cm x 40 cm*

## Das brauchen Sie:

- Feincordstoff in Gelb, 140 cm breit, 150 cm lang
- Kreisschablone, ø 5,5 cm
- Schneiderkreide
- Lace-Reißverschluss in Gelb, 45 cm lang
- farblich passendes Garn
- Kissenfüllung, 40 cm x 40 cm

**SO WIRD'S GEMACHT:**

*Zuschneiden*

1x Vorderseite 44 cm breit, 44 cm lang (inkl. 2 cm Nahtzugabe);

2x Rückseite 26 cm breit, 44 cm lang (inkl. 2 cm Nahtzugabe);

ca. 150 Kreise, ø 5,5 cm

**1** Alle Stoffkreise jeweils mittig falten und zu Halbkreisen bügeln, die Stoffrückseite zeigt dabei nach außen.

**2** Die Kissenrückseiten jeweils an einer langen Seite zweimal 2 cm einschlagen, die Kanten bügeln und im Abstand von 1,5 cm zur Bügelkante steppen.

**3** Den Lace-Reißverschluss auf die rechte Stoffseite der Bügelkanten stecken und aufnähen.

**4** Auf die rechte Stoffseite der vorderen Kissenhülle mit Schneiderkreide mittig ein Quadrat von 40 cm x 40 cm (= Größe der fertigen Kissenhülle) aufzeichnen.

**5** Zunächst ca. zehn Stoffhalbkreise aufklappen und entlang der gebügelten Kante innerhalb des Quadrates aufstecken. Damit die Oberfläche schön dicht und voluminös wird, die Kreise leicht versetzt und verdreht zueinander aufstecken, dann jeweils entlang der Bügelkante aufsteppen. Dies wiederholen, bis die Fläche komplett gefüllt ist.

**6** Entlang der Außenlinien des Quadrats alle Kreise mit Stecknadeln zur Mitte hin feststecken. Kissenvorder- und -rückseite rechts auf rechts legen, dann an drei Seiten bei 2 cm zusammennähen.

**7** Jetzt den Reißverschluss öffnen, dann die vierte Seite schließen. Die Nahtzugabe in den Ecken und die überstehenden Enden des Reißverschlusses knapp zurückschneiden.

**8** Die Kissenhülle wenden, die Füllung einlegen und den Reißverschluss schließen.

### Tipp

**Exakte Kreise lassen sich prima mit einem Kreisschneider herstellen, einer Mischung aus Rollschneider und Zirkel. Beim Arbeiten mit dem Kreisschneider die Schneidematte mit Sprühfixierer leicht einnebeln, dann den Stoff auflegen, der so nicht mehr verrutschen kann.**

# Glänzend gemustert

SCHWIERIGKEITSGRAD:

GRÖSSE: **50 cm x 40 cm** (mit Punkten)
**40 cm x 25 cm** (mit Streifen)

## Das brauchen Sie:

**Kissen mit Punkten**

- Baumwollstoff in Weiß, 140 cm breit, 60 cm lang
- Hot Spots (wärmeaktivierbare Klebepunkte auf Trägerpapier), 1 DIN-A4-Bogen
- Metallic-Folie in Gold (metallisierte Trägerfolie, im Kreativ-Fachhandel erhältlich), 1 Bogen à 20 cm x 30 cm
- schwarze Textilfarbe für helle Stoffe
- selbstklebendes Moosgummi, 5 mm dick, 10 cm x 10 cm
- Cutter
- Holzklotz, 5 cm x 5 cm
- Klebstoff
- Plastikfolie für die Arbeitsfläche
- Backpapier
- Reißverschluss in Weiß, 35 cm lang
- farblich passendes Garn
- Kissenfüllung, 50 cm x 40 cm

**Kissen mit Streifen**

- Baumwollstoff in Weiß, 120 cm breit, 45 cm lang
- Hot Spots (wärmeaktivierbare Klebepunkte auf Trägerpapier), 2 DIN-A4-Bögen
- Metallic-Folie in Gold (metallisierte Trägerfolie, im Kreativ-Fachhandel erhältlich), 2 Bogen à 20 cm x 30 cm
- Backpapier
- Reißverschluss in Weiß, 30 cm lang
- farblich passendes Garn
- Kissenfüllung, 40 cm x 25 cm

**SO WIRD'S GEMACHT:**

*Zuschneiden*

Kissen gepunktet: 2x Vorder-/Rückseite 54 cm breit, 44 cm lang, inkl. 2 cm Nahtzugabe (zunächst nur aufzeichnen!);

Kissen gestreift: 2x Vorder-/Rückseite 44 cm breit, 29 cm lang, inkl. 2 cm Nahtzugabe (zunächst nur aufzeichnen!)

*Kissen mit Punkten*

**1** Die Arbeitsfläche mit Plastikfolie abdecken und die Textilfarbe auf einen flachen Teller gießen. Für die schwarzen Punkte einen Stempel herstellen, dazu mit dem Cutter aus dem Moosgummi einen Kreis von 4 cm ø ausschneiden und auf den Holzklotz kleben.

**2** Für die goldenen Punkte auf den Hot-Spots-Bogen zehn Kreise von 4 cm ø aufzeichnen und ausschneiden. Die Kreise als Platzhalter locker auf einem der aufgezeichneten Stoffrechtecke verteilen.

**3** Die schwarzen Punkte um die Platzhalter-Kreise herum aufstempeln, dabei an den Rändern in die Nahtzugabe hinein stempeln. Anschließend die Hot-Spots-Kreise abnehmen. Die Farbe gut trocknen lassen, dann mit dem Bügeleisen fixieren (Herstellerangaben beachten!).

**4** Die Hot-Spots-Kreise wieder an den vorgesehenen Stellen auf den Stoff legen, die Papierschicht zeigt dabei nach oben, und nacheinander aufbügeln.

Fortsetzung Anleitung S. 26

**5** Anschließend das Trägerpapier jeweils vorsichtig abziehen. Dann die Goldfolie mit der Trägerschicht nach oben auflegen und mit Backpapier abdecken. Die Folie auf den Klebepunkten mit dem Bügeleisen (Stufe 2–3) überbügeln, sodass die Metallicschicht auf den Hot Spots haftet, anschließend die Trägerschicht abnehmen.

**6** Die Vorder- und Rückseite des Kissens zuschneiden. Die Stoffstücke rechts auf rechts übereinanderlegen, 2 cm vom Rand entfernt ringsum zusammennähen, dabei an einer langen Seite mittig eine Öffnung von 35 cm für den Reißverschluss lassen. Die Ecken diagonal zurückschneiden.

**7** Den Kissenbezug wenden, dann den Reißverschluss von Hand mit dem Blindstich einnähen. Die Kissenfüllung einsetzen.

*Kissen mit Streifen*

**1** Etwa eineinhalb Hot-Spots-Bögen der Länge nach in unterschiedlich breite Streifen schneiden (0,75–1,5 cm) und parallel auf einem der aufgezeichneten Stoffrechtecke verteilen, die Papierschicht zeigt dabei nach oben. Die Streifen nacheinander aufbügeln.

**2** Anschließend die Trägerschicht jeweils vorsichtig abziehen. Nun die Hot-Spots-Streifen auf dem Stoff mit der Goldfolie bedecken, die Trägerschicht zeigt dabei nach oben, und mit Backpapier abdecken. Die Folie auf den Klebepunkten mit dem Bügeleisen (Stufe 2–3) überbügeln, sodass die Metallicschicht auf den Hot Spots haftet, anschließend die Trägerschicht abnehmen.

**3** Die Vorder- und Rückseite des Kissens zuschneiden. Die Stoffstücke rechts auf rechts übereinanderlegen und 2 cm vom Rand entfernt rundum zusammennähen, dabei an einer langen Seite mittig eine Öffnung von 30 cm für den Reißverschluss lassen. Die Ecken diagonal zurückschneiden.

**4** Den Kissenbezug wenden, dann den Reißverschluss von Hand mit dem Blindstich einnähen. Die Kissenfüllung einsetzen.

# Kuschelkissen

SCHWIERIGKEITSGRAD:

GRÖSSE: **55 cm x 40 cm** (weiß)
**35 cm x 35 cm** (grau-pink)
**50 cm x 25 cm** (gestreift)

## Das brauchen Sie:

**Kissen in Weiß**

- Baumwollstoff in Weiß, 140 cm breit, 60 cm lang
- Reißverschluss in Weiß, 40 cm lang
- 150 g Wolle in Weiß (für Nadelstärke 6)
- wasserlösliches Vlies, 70 cm x 60 cm
- farblich passendes Garn
- Kissenfüllung, 55 cm x 40 cm

**Kissen in Grau-Pink**

- Baumwollstoff in Weiß, 100 cm breit, 45 cm lang
- Reißverschluss in Weiß, 25 cm lang
- 100 g Wolle in Grau (für Nadelstärke 6)
- 50 g Wolle in Pink (für Nadelstärke 6)
- wasserlösliches Vlies, 60 cm x 60 cm
- farblich passendes Garn
- Kissenfüllung, 35 cm x 35 cm

**Gestreiftes Kissen**

- Baumwollstoff in Weiß, 120 cm breit, 40 cm lang
- Reißverschluss in Weiß, 40 cm lang
- Wollreste in Weiß, Grau und Pink, ca. 15 g pro Farbe
- wasserlösliches Vlies, 60 cm x 40 cm
- farblich passendes Garn
- Kissenfüllung, 50 cm x 25 cm

**SO WIRD'S GEMACHT:**

*Zuschneiden*

Hinweis: Den Baumwollstoff vor der Verarbeitung waschen und bügeln.

*Kissen in Weiß*

1x Vorderseite 65 cm breit, 50 cm lang (Grobzuschnitt, inkl. 2 cm Nahtzugabe), 1x Rückseite 59 cm breit, 44 cm lang (inkl. 2 cm Nahtzugabe);

*Kissen in Grau-Pink*

1x Vorderseite 45 cm breit, 45 cm lang (Grobzuschnitt, inkl. 2 cm Nahtzugabe), 1x Rückseite 39 cm breit, 39 cm lang (inkl. 2 cm Nahtzugabe);

*Gestreiftes Kissen*

1x Vorderseite 60 cm breit, 35 cm lang (Grobzuschnitt, inkl. 2 cm Nahtzugabe), 1x Rückseite 54 cm breit, 29 cm lang (inkl. 2 cm Nahtzugabe)

*Kissen in Weiß*

**1** Die Wolle in kurze Stücke (ca. 3–5 cm lang) schneiden, dazu am besten das Knäuel im Ganzen entsprechend zerschneiden.

**2** Die Wollstücke gleichmäßig auf der Kissenvorderseite bis in die Nahtzugabe hinein verteilen. Die gesamte Fläche mit dem wasserlöslichen Vlies abdecken.

**3** Das Vlies und die Wolle mit vielen Stecknadeln auf dem Baumwollstoff fixieren. Anschließend alle Lagen über die gesamte Fläche kreuz und quer in einer Naht zusammensteppen, sodass sich ein Netz aus Linien ergibt.

**4** Die Stecknadeln entfernen. Die Kissenvorderseite bei 40 °C in der Waschmaschine waschen, um das Vlies zu entfernen. Trocknen lassen, dann von links auf mittlerer Stufe mit Dampf glatt bügeln.

**5** Die Vorderseite auf die Größe der Rückseite zurechtschneiden.

**6** Vorder- und Rückseite rechts auf rechts aufeinanderlegen, bei 2 cm ringsum zusammennähen, dabei an einer Seite mittig eine Öffnung in der Länge des Reißverschlusses lassen. Die Ecken diagonal zurückschneiden.

**7** Den Kissenbezug wenden, die Kanten der Öffnung bügeln. Den Reißverschluss von Hand mit dem Blindstich einnähen. Die Kissenfüllung einsetzen.

*Kissen in Grau-Pink*

**1** Auf die Kissenvorderseite mittig einen Kreis von 17 cm ø zeichnen.

**2** Die graue und die pinkfarbene Wolle in Stücke schneiden (3–5 cm lang), dazu am besten jeweils das Knäuel im Ganzen zerschneiden. Die pinkfarbene Wolle im aufgezeichneten Kreis, die graue Wolle auf der übrigen Fläche bis in die Nahtzugabe hinein gleichmäßig verteilen. Die gesamte Fläche mit dem Vlies abdecken.

**3** Alle Lagen mit vielen Stecknadeln fixieren und die Fläche in einer Naht kreuz und quer zusammensteppen, sodass ein Netz von Linien entsteht. Dann weiter wie in der Anleitung für das weiße Kissen beschrieben, Schritte 4–7.

*Gestreiftes Kissen*

**1** Die Streifen (1,5–3 cm breit) in gewünschter Anordnung auf der Kissenvorderseite aufzeichnen. Entsprechende Streifen auf das Vlies zeichnen, dann das Vlies mit einer Zugabe von ringsum 3 cm ausschneiden.

**2** Alle Streifen der gleichen Farbe über die aufgezeichneten Ränder hinaus mit den zugeschnittenen Wollstücken (3–5 cm lang) bedecken, mit den dazugehörigen Vliesstreifen abdecken und auf dem Baumwollstoff feststecken.

**3** Alle Lagen innerhalb der Markierung auf dem Vlies in mehreren Linien zusammensteppen, dann die überstehenden Ränder auf 1 cm zurückschneiden. Auf diese Weise auch die Streifen in den übrigen Farben arbeiten. Dann weiter wie in der Anleitung für das weiße Kissen beschrieben, Schritte 4–7.

*Tipp*

**Die Wolloberfläche wirkt besonders professionell, wenn man die Nähgarnfarbe der Wollfarbe anpasst.**

# Sitz- und Schlafkissen

# Sitzpouf mit Sternmotiv

SCHWIERIGKEITSGRAD:

GRÖSSE: *ø 45 cm, 12 cm hoch*

## Das brauchen Sie:

**Schnittmuster S. 70 (Vorder-/Rückseite, Stern, Kreisrüsche), Schablone**

- Baumwollstoff, 65 cm breit, 50 cm lang (Stoff 1, für Vorderseite und Kreisrüsche)
- Baumwollstoff, 80 cm breit, 50 cm lang (Stoff 2, für 2 Teile des Sterns und Rückseite)
- Baumwollstoff, 50 cm breit, 30 cm lang (Stoff 3, für 3 Teile des Sterns und Mitte der Kreisrüsche)
- Baumwollstoff, 30 cm breit, 30 cm lang (Stoff 4, für 2 Teile des Sterns)
- Baumwollstoff, 100 cm breit, 40 cm lang (Stoff 5, für 1 Teil des Sterns und Seitenteil)
- ggf. Haftvlies, 10 cm breit, 10 cm lang (für die Mitte der Kreisrüsche)
- farblich passendes Garn
- Füllwatte

### SO WIRD'S GEMACHT:

*Zuschneiden*

aus Stoff 1: 1x Vorderseite im Bruch (Achtung: 2 Bruchkanten!), inkl. 7 mm Nahtzugabe, 1x Kreisrüsche, inkl. 5 mm Nahtzugabe;

aus Stoff 2: 2x Stern, 1x Rückseite im Bruch (Achtung: 2 Bruchkanten!), inkl. 7 mm Nahtzugabe;

aus Stoff 3: 3x Stern, inkl. 7 mm Nahtzugabe, 1x Mitte der Kreisrüsche;

aus Stoff 4: 2x Stern, inkl. 7 mm Nahtzugabe;

aus Stoff 5: 1x Stern, 2x Seitenteil = 72 cm breit, 14 cm lang, inkl. 7 mm Nahtzugabe

**1** Die Schnittteile für den Stern beliebig anordnen. Zunächst jeweils zwei nebeneinanderliegende Teile rechts auf rechts an je einer der langen Kanten bei exakt 7 mm zu Vierteln zusammennähen und die Nahtzugabe auseinanderbügeln. Dann je zwei Viertel genauso zusammensetzen. Zuletzt die zwei Hälften des Tellers zusammennähen.

**2** Die Bügelschablone auf Karton übertragen und ausschneiden. Die Schablone auf die linke Stoffseite des Sterns legen und die Außenkanten Stück für Stück 7 mm nach innen um die Schablone bügeln. Den Stern mittig auf der Vorderseite des Poufs feststecken und knappkantig ringsherum aufnähen.

**3** Die Mitte der Kreisrüsche entweder mit Haftvlies oder mit Heftstichen entlang der Außenkante links auf links mittig auf der Kreisrüsche befestigen. Einen Faden in eine Handnähnadel fädeln, die Enden miteinander verknoten. Die Außenkante der Kreisrüsche 5 mm nach innen klappen und mit kleinen, gleichmäßigen Heftstichen rings um die Kreisrüsche nähen. Dann den Faden anziehen und so die Außenkante einkräuseln, bis nur noch eine kleine Fläche der Mitte der Kreisrüsche zu sehen ist. Den Faden mit einigen Stichen vernähen. Die Kreisrüsche zurechtzupfen, mittig auf dem Stern platzieren und ringsherum mit unsichtbaren Handstichen aufnähen.

**4** Die kurzen Seiten der Seitenteile rechts auf rechts stecken und bei 7 mm zu einem Ring zusammennähen, die Nahtzugaben auseinanderbügeln. Die Vorder- und Rückseite rechts auf rechts oben und unten in das Seitenteil stecken und rundherum festnähen, dabei unten eine Wendeöffnung lassen. Den Sitzpouf wenden und mit reichlich Füllwatte ausstopfen. Die Wendeöffnung mit einigen Handstichen schließen.

*Tipp*

**Diese Patchworkverzierung in Sternform eignet sich besonders gut für Stoffe mit Winter- und Weihnachtsmotiven.**

# Stuhlpolster mit Quasten

SCHWIERIGKEITSGRAD:

GRÖSSE: *40 cm x 40 cm*

## Das brauchen Sie:

**Schnittmuster S. 71**

- Baumwollstoff in Pink-Grün mit Blumenprint, 140 cm breit, 25 cm lang
- Baumwollstoff in Pink-Grün gestreift, 140 cm breit, 25 cm lang
- Baumwollstoff in Grün, 140 cm breit, 50 cm lang
- Baumwollstoff in Grün-Weiß kariert, 140 cm breit, 20 cm lang oder Rest 20 x 20 cm
- Baumwollstoff in Pink-Grün kariert, 140 cm breit, 20 cm lang oder Rest 20 x 20 cm
- Baumwollstoff in Pink gemustert, 140 cm breit, 20 cm lang
- Schaumstoffpolster, 40 cm x 40 cm, 4 cm dick
- farblich passendes Garn

**SO WIRD'S GEMACHT:**

### *Zuschneiden*

(Hinweis: Alle Teile mit 1 cm Nahtzugabe zuschneiden.)

aus Baumwollstoff mit Blumen: 2x Dreieck; 5x Quadrat 6 cm breit, 6 cm lang

aus gestreiftem Baumwollstoff: 2x Dreieck; 4x Randstreifen 4 cm breit, 40 cm lang

aus grünem Baumwollstoff: 1x Unterseite 40 cm breit, 40 cm lang; 4x Quadrat 6 cm breit, 6 cm lang

aus Baumwollstoff in Pink-Grün kariert: 3x Quadrat 6 cm breit, 6 cm lang

aus Baumwollstoff in Grün-Weiß kariert: 4x Quadrat 6 cm breit, 6 cm lang

aus gemustertem Baumwollstoff in Pink: Einfassstreifen 4 x 2 cm breit, 40 cm lang und 4 x 2 cm breit, 42 cm lang; 4x Bindebänder 3 cm breit, 50 cm lang; Abdeckstreifen 2 x 2 cm breit, 26 cm lang und 2 x 2 cm breit, 27 cm lang (inkl. 5 mm Nahtzugabe)

**1** Für das Patchwork-Mittelteil die kleinen Quadrate zu einem großen Quadrat (je vier Stück in vier Reihen) nach Belieben anordnen. Die Quadrate jeder Reihe zusammennähen: Die ersten beiden Quadrate rechts auf rechts legen und aufeinanderstecken. Die Verbindungsnaht 1 cm breit steppen. Das dritte Quadrat an das zweite steppen, das vierte an das dritte. Die Nahtzugaben immer zusammengefasst in eine Richtung bügeln. Auf diese Weise auch die drei anderen Quadratreihen steppen und bügeln. Anschließend die ersten beiden Reihen entlang jeweils einer langen Kante rechts auf rechts stecken und aneinandernähen, die übrigen Reihen genauso zusammensteppen. Das fertige große Quadrat bügeln.

**2** Ein geblümtes Dreieck rechts auf rechts auf ein gestreiftes legen. Entlang einer der beiden kürzeren Seiten zusammensteppen, die Nahtzugaben auseinanderbügeln. Die beiden übrigen Dreiecke ebenso aneinandersteppen, dabei die Teile so verbinden, dass sich die gleich gemusterten Dreiecke gegenüberliegen. Nun die beiden großen Dreiecke entlang der Diagonalen rechts auf rechts stecken, dabei treffen die Nähte im Mittelpunkt aufeinander. Die Naht steppen, die Nahtzugaben auseinanderbügeln.

**3** Die langen Kanten der vier Abdeckstreifen jeweils 5 mm breit auf die linke Seite bügeln. Bei den beiden 27 cm langen Streifen die Enden 5 mm breit auf die linke Seite bügeln. Das Quadrat entsprechend der Markierung auf die Kissenoberseite stecken, evtl. bei 5 mm rundum aufsteppen. Mit den beiden 26 cm langen Streifen zwei sich gegenüberliegende Kanten des Quadrates abdecken und feststecken. Die Streifen beidseitig knappkantig aufsteppen. Die beiden eingeschlagenen Abdeckstreifen auf die übrigen beiden Kanten stecken und aufsteppen.

**4** Die Bindebänder jeweils der Länge nach rechts auf rechts stecken. Eine Schmalseite und die langen Kanten zusammensteppen. Die Bänder mit einem Holzstäbchen wenden und bügeln. Das offene Ende zur Innenseite einschlagen, bügeln und knappkantig absteppen.

**5** Die Randstreifen entlang der kurzen Seiten nacheinander rechts auf rechts stecken und zusammensteppen, dabei an zwei nebeneinanderliegenden Ecken die Enden von zwei aufeinanderliegenden Bindebändern mittig mitfassen. Die Nahtzugaben auseinanderbügeln. Den so entstandenen Ring links auf links auf die Kanten der Kissenoberseite stecken, dabei liegen die Nähte des Randstreifens genau an den Ecken. Die Nahtzugaben des Randstreifens zur Ecke hin schräg einschneiden, dann die Randstreifen rundum auf die Kissenoberseite steppen. Die Unterseite ebenso links auf links auf den Randstreifen stecken und feststeppen, dabei einen ca. 15 cm langen Schlitz an einer Seite offen lassen.

**6** Die langen Kanten der Einfassstreifen 1 cm breit zur linken Seite bügeln. Anschließend die Streifen der Länge nach mittig links auf links falten und erneut bügeln. Die beiden kürzeren Einfassstreifen an zwei sich gegenüberliegenden Kanten des Kissenbezugs über die offenen Stoffkanten schieben und feststecken. Die Streifen knappkantig durch alle Lagen aufsteppen. Die Enden der längeren Einfassstreifen verstürzen: Dafür die Streifenenden mit eingefalteter Nahtzugabe rechts auf rechts klappen und die Naht steppen. Die Nahtzugaben zurückschneiden und die Enden wenden. Die beiden längeren Einfassstreifen über die offenen Schnittkanten des Bezugs schieben, dabei werden gleichzeitig die Enden der vorherigen Einfassstreifen versäubert. Die Einfassstreifen ebenso knappkantig durch alle Lagen aufsteppen. Den Einfassstreifen, der über den Schlitz läuft, auf der Länge des Schlitzes nicht steppen. Das Schaumstoffpolster zusammengerollt durch den Schlitz in den Bezug schieben und ausrichten. Abschließend den Einfassstreifen über dem Schlitz knappkantig steppen.

**7** Für die zwei Quasten aus den Stoffresten Schrägbänder von 1–1,5 cm Breite schneiden. Die Bänder in 28 cm lange Stücke schneiden. Etwa 20–25 Bänder aufeinanderlegen, in der Mitte mit einem Band zusammenknoten. Die Bänderhälften aufeinanderlegen und unterhalb des Knotens mit einem weiteren Band umwickeln, die Bandenden auf den Wicklungen jeweils mit einigen Handstichen fixieren. Die Quasten unterhalb der vorderen Kissenecken festnähen.

# Bodenkissen

SCHWIERIGKEITSGRAD: 

GRÖSSE: ⌀ 45 cm, ca. 25 cm hoch

## Das brauchen Sie:

**Schnittmuster S. 71**

- Baumwollstoff in Beige mit Punkten, 140 cm breit, 80 cm lang
- Volumenvlies zum Aufbügeln, 140 cm breit, 80 cm lang
- farblich passender Reißverschluss, 40 cm lang
- Pomponborte in Hellblau, 160 cm lang
- Styroporkugeln (ca. 12 l)
- farblich passendes Garn

**SO WIRD'S GEMACHT:**

*Zuschneiden*

(Hinweis: Den Baumwollstoff vor dem Zuschneiden auf der Rückseite mit Volumenvlies verstärken.)

aus gepunktetem Baumwollstoff:
2x Seitenwand inkl. Nahtzugaben, 1x Oberseite inkl. Nahtzugabe, 2x Boden inkl. Nahzugabe plus 1,5 cm Nahtzugabe an der geraden Seite

*1* Die beiden Halbkreise für den Boden rechts auf rechts aufeinanderlegen, die geraden Seiten vom Rand aus bei 1,5 cm jeweils 5 cm zusammennähen. Die Nahtzugabe auseinanderbügeln. Anschließend den Reißverschluss von Hand einheften, dann mit der Nähmaschine annähen.

*2* Die beiden Schnittteile für die Seitenwand rechts auf rechts übereinanderlegen, die kurzen Seiten jeweils bei 1,5 cm zusammennähen, sodass ein Ring entsteht.

*3* Den Kreis für die Oberseite in den Ring stecken und mit Nadeln fixieren. Das Vlies zeigt an allen Seiten nach außen. Die Oberseite an die Seitenwand nähen.

*4* Den Stoff wenden, die Pomponborte oberhalb der Kreisnaht aufstecken und ansteppen. Alternativ kann die Borte auch von Hand aufgenäht werden.

*5* Den Reißverschluss an der Bodenseite öffnen. Das obere Kissenteil wieder wenden. Den Boden rechts auf rechts in den Stoffring stecken, mit Nadeln fixieren und annähen. Den Stoff durch den offenen Reißverschluss wenden.

*6* Das Sitzkissen mit den Styroporkugeln befüllen und den Reißverschluss schließen.

### Tipp

**Vor dem Waschen der Kissenhülle die Füllung einfach in eine große Plastiktüte schütten.**

# Tabletkissen

SCHWIERIGKEITSGRAD:

GRÖSSE: **28 cm x 20 cm, 22 cm hoch**
(passend für ein Tablet mit den ca.-Maßen 24 x 17 cm)

## Das brauchen Sie:

**Schnittmuster S. 72**

- Baumwollstoff in Bunt mit Dreiecken, 74 cm breit, 30 cm lang (für die Vorder-/Rückseite)
- Baumwollstoff in Bunt mit Streifen, 50 cm breit, 30 cm lang (für die Seitenteile)
- Bügeleinlage stark, 90 cm breit, 60 cm lang
- farblich passendes Gummiband, 3 cm breit, 56 cm lang
- farblich passendes Garn
- Füllwatte

**SO WIRD'S GEMACHT:**

*Zuschneiden*

aus Baumwollstoff mit Dreiecken: 1x Vorder-/Rückseite 74 cm breit, 30 cm lang, inkl. 1 cm Nahtzugabe;

aus Baumwollstoff mit Streifen: 2x Seitenteil im Bruch, inkl. 1 cm Nahtzugabe;

aus Bügeleinlage: 1x Vorder-/Rückseite 74 cm breit, 30 cm lang, 2x Seitenteil im Bruch, inkl. 1 cm Nahtzugabe

**1** Alle Stoffstücke auf der linken Seite mit der Bügeleinlage verstärken. Das Gummiband in zwei gleich lange Teile schneiden und jeweils, von einer kurzen Kante des Vorder-/Rückteils aus gemessen, bei 11 cm und bei 28,5 cm etwas unter Zug auf der rechten Stoffseite an beiden Seiten knappkantig vorfixieren. Zwischen den Bändern sollte ein Abstand von 14,5 cm sein. Das untere Gummiband nun der Länge nach mittig mit einem breiten Zick-Zack-Stich absteppen.

**2** Die beiden kurzen Seiten der Vorder-/Rückseite rechts auf rechts zusammennähen, sodass ein Ring entsteht, dabei in der Mitte eine Wendeöffnung lassen. Die Nahtzugabe auseinanderbügeln. Die Seitenteile rechts auf rechts ringsherum an die rechte und linke Kante der Vorder-/Rückseite nähen. Die Lage der Gummibänder muss dabei den Markierungen an den Seitenteilen entsprechen, die Naht der Vorder-/Rückseite liegt mittig am Boden. Die Nahtzugabe etwas zurückschneiden.

**3** Das Kissen durch die Öffnung wenden, mit reichlich Füllwatte ausstopfen und die Wendeöffnung mit einigen Handstichen schließen.

# Leseknochen

SCHWIERIGKEITSGRAD:

GRÖSSE: **38 cm x 25 cm**

## Das brauchen Sie:

**Schnittmuster S. 72**

- Baumwollstoff in Braun mit Blüten, 50 cm breit, 35 cm lang
- Baumwollstoff in Schwarz-Braun mit Ornamenten, 50 cm breit, 35 cm lang
- Baumwollstoff mit geometrischem Muster in Türkis, 50 cm breit, 35 cm lang
- farblich passende Quaste, ca. 10 cm lang
- farblich passendes Garn
- Füllwatte

**SO WIRD'S GEMACHT:**

*Zuschneiden*

aus Stoff mit Blüten: 1x Leseknochen im Bruch (Achtung, 2 Bruchkanten!), inkl. 1 cm Nahtzugabe;

aus Stoff mit Ornamenten: 1x Leseknochen im Bruch (Achtung, 2 Bruchkanten!), inkl. 1 cm Nahtzugabe;

aus Stoff mit geometrischem Muster: 1x Leseknochen im Bruch (Achtung, 2 Bruchkanten!), inkl. 1 cm Nahtzugabe

**1** Die Quaste auf einem der Stoffteile an einer der beiden Markierungen knappkantig vorfixieren, dabei liegt die Quaste auf der rechten Stoffseite und die Aufhängung zeigt nach außen.

**2** Zwei der Stoffteile von der Markierung „Nahtende" auf der einen Seite bis zur gleichen Markierung auf der anderen Seite rechts auf rechts zusammennähen. Nun das nächste Stoffteil ebenso rechts auf rechts an eine der noch offenen Kanten nähen. Anschließend die beiden letzten offenen Kanten von Markierung zu Markierung rechts auf rechts zusammennähen, dabei eine Wendeöffnung an der geraden Kante lassen.

**3** Die Nahtzugabe in den nach außen gebogenen Rundungen zurückschneiden und in den nach innen gebogenen Rundungen einschneiden. Den Leseknochen wenden, mit reichlich Füllwatte ausstopfen und die Wendeöffnung mit einigen Handstichen schließen.

# Praktisches Keilsitzkissen

SCHWIERIGKEITSGRAD:

GRÖSSE: **36 cm x 36 cm x 7,5 cm**

## Das brauchen Sie:

**Schnittmuster S. 72**

- Baumwollstoff mit Muster, 110 cm breit, 40 cm lang (für die Ober- und Unterseite)
- Baumwollstoff, einfarbig, 80 cm breit, 15 cm lang (für die Seitenteile)
- farblich passender Nahtreißverschluss, 40 cm lang
- farblich passendes Ripsband, 4 cm breit, 60 cm lang
- farblich passendes Garn
- Inlet für Keilkissen, 36 cm x 36 cm, 7,5 cm hoch

**SO WIRD'S GEMACHT:**

Hinweis: Wenn Sie ein Keilkissen in abweichender Größe nähen möchten, können Sie das Schnittmuster für das Seitenteil an der gestrichelten Nahtlinie sowie die folgenden Maßangaben entsprechend anpassen.

*Zuschneiden*

aus gemustertem Stoff: 1x Ober- und Unterseite 82,3 cm x 38 cm, inkl. 1 cm Nahtzugabe;

aus einfarbigem Stoff: 2x Seitenteil, inkl. 1 cm Nahtzugabe

**1** Alle Stoffkanten ringsherum mit Zick-Zack-Stich oder der Overlockmaschine versäubern. Die Seiten des geöffneten Reißverschlusses jeweils rechts auf rechts auf die kurzen Kanten der Ober- und Unterseite legen. Nun in der Rille, möglichst nah an den Reißverschlusszähnchen, annähen.

**2** Das Ripsband in zwei gleich lange Stücke teilen, je ein Ende doppelt einschlagen und knappkantig absteppen. Das andere Ende jeweils knappkantig entsprechend der Markierung an den Seitenteilen vorfixieren. Dabei liegt das Ripsband auf der rechten Stoffseite, die offene Kante zeigt nach außen.

**3** Den Reißverschluss ein Stück schließen und je ein Seitenteil ringsherum an die linke und die rechte Kante des Ober- und Unterteils nähen. Die Stoffe liegen dabei rechts auf rechts. Achten Sie darauf, dass der Reißverschluss jeweils mittig an der rückwärtigen Seite der Seitenteile liegt. Die Nahtzugabe an den Ecken zurückschneiden. Das überstehende Reißverschlussende abschneiden.

**4** Den Bezug durch den Reißverschluss wenden, bügeln und das Inlet einlegen.

# Yogakissen

SCHWIERIGKEITSGRAD:

GRÖSSE: ***45 cm x 20 cm x 10 cm***

## Das brauchen Sie:

**Schnittmuster S. 74**

- Baumwollstoff in Gelb mit Blumen, 110 cm breit, 30 cm lang (Ober-/Unterseite)
- Baumwollstoff in Orange mit Elefanten, 80 cm breit, 15 cm lang (Rückseite)
- einfarbiger Baumwollstoff, 110 cm breit, 45 cm lang (Inlet)
- farblich passender Nahtreißverschluss, 40 cm lang
- farblich passendes Garn
- Füllwatte

**SO WIRD'S GEMACHT:**

*Zuschneiden*

aus Stoff mit Blumen: 2x Ober-/Unterseite im Bruch, inkl. 1 cm Nahtzugabe;

aus Stoff mit Elefanten: 1x Rückseite im Bruch, inkl. 1 cm Nahtzugabe;

aus einfarbigem Stoff: 2x Ober-/Unterseite im Bruch, 1x Rückseite im Bruch, inkl. 1 cm Nahtzugabe

**1** Alle Stoffkanten ringsherum mit Zick-Zack-Stich oder der Overlockmaschine versäubern. Für die Kissenhülle die Rückseite entsprechend der Markierung an den Außenbogen der Oberseite nähen, die Stoffe liegen dabei rechts auf rechts. Die Nahtzugaben auseinanderbügeln.

**2** Die Seiten des geöffneten Reißverschlusses jeweils rechts auf rechts auf die unteren Kanten der Rückseite und den Außenbogen der Unterseite der Kissenhülle stecken. Nun in der Rille, möglichst nah an den Reißverschlusszähnchen, nähen. Anschließend den Reißverschluss ein Stück schließen und die Kissenhülle, beginnend am Reißverschlussanfang bzw. am Reißverschlussende, jeweils bis zum Eckpunkt zusammennähen. Der Stoff liegt dabei rechts auf rechts. Dann die nach innen gebogene Kante von Ober- und Unterseite zusammennähen. Die Kissenhülle durch den Reißverschluss wenden.

**3** Die Rückseite des Inlets rechts auf rechts entsprechend der Markierung zwischen Ober- und Unterseite nähen. Dann die noch offenen Kanten von Ober- und Unterseite des Inlets rechts auf rechts zusammennähen, dabei eine Wendeöffnung lassen. Das Inlet wenden, mit reichlich Füllwatte ausstopfen und die Wendeöffnung mit einigen Handstichen schließen. Das Inlet in die Kissenhülle stecken.

# Lodenkissen mit Ledergriff

SCHWIERIGKEITSGRAD:

GRÖSSE: 40 cm x 60 cm

## Das brauchen Sie:

- Lodenstoff in Blau, 130 cm breit, 45 cm lang
- Lederstreifen in Cognac, 3,5 cm breit, 35 cm lang
- 4 Nieten in Gold oder Bronze, ø ca. 8 mm, mit Nietenwerkzeug
- Bügeleinlage mittelstark, 10 cm breit, 5 cm lang
- farblich passendes Garn
- Füllwatte

**SO WIRD'S GEMACHT:**

*Zuschneiden*

aus Lodenstoff: 2 x Vorder-/Rückseite
62 cm breit, 42 cm lang, inkl. 1 cm Nahtzugabe

**1** Eine der beiden langen Kanten der Vorder- und der Rückseite rechts auf rechts zusammennähen und die Nahtzugaben auseinanderbügeln. Die Bügeleinlage quer halbieren und jeweils 12 cm von der Außenkante entfernt als Verstärkung für die Nieten auf die linke Stoffseite mittig über die Naht bügeln.

**2** Den Lederstreifen auf der rechten Stoffseite mittig auf die Naht legen, die Position der Nieten festlegen und die Nieten mithilfe des Werkzeugs anbringen.

**3** Die übrigen drei Seiten des Kissens rechts auf rechts zusammennähen, dabei eine Wendeöffnung lassen. Die Kissenhülle wenden und mit Füllwatte ausstopfen. Anschließend die Wendeöffnung mit einigen Handstichen schließen.

### Tipps

Als Ledergriff kann auch ein ausgedienter Gürtel dienen, den Sie auf die angegebene Länge kürzen.

Wer sich kein Nietenwerkzeug kaufen möchte, kann die Nieten auch von einem Schuster anbringen lassen.

# Kissen für Kinder

# Baby-Spielkissen „Regenwurm“

SCHWIERIGKEITSGRAD: 3 von 3

GRÖSSE: *70 cm x 84 cm x 10 cm*

## Das brauchen Sie:

**Schnittmuster S. 76/77**

- 8 verschiedene Baumwollstoffe, je 45 cm breit, 30 cm lang (Stoffe 1–8 für Wurm)
- Baumwollsamt in Grün, 130 cm breit, 90 cm lang (Stoff 9 für Wiese und Unterseite)
- Wattevlies, 90 cm breit, 130 cm lang, ca. 2 cm dick
- Bastelfilz in Weiß, 7 cm breit, 6 cm lang
- Bastelfilz in Schwarz, 6 cm breit, 3 cm lang
- Bastelfilz in Braun, 3 cm breit, 2 cm lang
- Kordel in Gelb, 40 cm lang, ca. 1 cm dick
- Stickgarn in Rosa
- farblich passendes Garn
- Füllwatte

**SO WIRD'S GEMACHT:**

*Zuschneiden*

aus Stoff 1 und 2: je 2x Wurm 1, inkl. 1 cm Nahtzugabe (Stoff 1 jeweils identisch zuschneiden, Stoff 2 jeweils gegengleich zu Stoff 1 zuschneiden);

aus Stoff 3 und 4: je 2x Wurm 2, inkl. 1 cm Nahtzugabe (Stoff 3 jeweils identisch zuschneiden, Stoff 4 jeweils gegengleich zu Stoff 3 zuschneiden);

aus Stoff 5 und 6: je 2x Wurm 3, inkl. 1 cm Nahtzugabe (Stoff 5 jeweils identisch zuschneiden, Stoff 6 jeweils gegengleich zu Stoff 5 zuschneiden);

aus Stoff 7 und 8: je 2x Wurm 4, inkl. 1 cm Nahtzugabe (Stoff 7 jeweils identisch zuschneiden, Stoff 8 jeweils gegengleich zu Stoff 7 zuschneiden);

aus Stoff 9 (Samt): 1x Unterseite im Bruch, 1x Wiese im Bruch, inkl. 1 cm Nahtzugabe (Achtung, je 2 Bruchkanten!);

aus Wattevlies: 1x Unterseite im Bruch, 1x Wiese im Bruch, inkl. 1 cm Nahtzugabe, (Achtung, je 2 Bruchkanten!);

aus Bastelfilz in Weiß: 2x Auge;

aus Bastelfilz in Schwarz: 2x Pupille;

aus Bastelfilz in Braun: 2x Nasenloch

**1** Die Augen und die Nasenlöcher auf einem der Stoffteile des Wurmteils 3 entsprechend der Markierung platzieren und ringsherum mit einem engen Zick-Zack-Stich in passender Garnfarbe aufnähen. Dann die Pupillen aufnähen.

**2** Die Teile für den Wurm nebeneinanderlegen, sodass ein Ring entsteht. Achten Sie auf die Buchstabenmarkierungen („a“ muss an „a“ stoßen, „b“ an „b“ usw.). Die einzelnen Teile Stück für Stück aneinandernähen, der Stoff liegt dabei rechts auf rechts. Alle Nahtzugaben auseinanderbügeln. Die Kordel in zwei gleich lange Stücke schneiden. Je ein Ende der Kordelstücke entsprechend der Markierung mit in die Naht oberhalb des Gesichts fassen. Die beiden anderen Kordelenden jeweils verknoten.

**3** Das Wattevlies jeweils auf die linken Stoffseiten der Samtteile legen und ringsherum knappkantig vorfixieren. Die Wiese ringsherum rechts auf rechts an die Innenkante des Wurms nähen. Die Nahtzugabe einschneiden und bügeln. Die Unterseite ringsherum rechts auf rechts an die Außenkante des Wurms nähen, dabei zwei sich gegenüberliegende Öffnungen lassen. Dies erleichtert das Ausstopfen mit Watte. Die Nahtzugaben etwas zurückschneiden.

**4** Das Kissen durch eine der Öffnungen wenden. Die Wiese im Nahtschatten ringsherum auf die Unterseite des Wurms nähen, diese Naht unbedingt vorstecken und darauf achten, dass beide Lagen glatt liegen. Den Wurm durch die Öffnungen mit reichlich Füllwatte ausstopfen und die Öffnungen dann mit einigen Handstichen schließen.

**5** Den Mund mit Schneiderkreide vorzeichnen und anschließend mit Rückstichen aufsticken.

# Kunterbunte Kissenhäuschen

SCHWIERIGKEITSGRAD:

GRÖSSE: *ca. 11 cm x 30 cm* (je Haus)

## Das brauchen Sie:

**Schnittmuster S. 73**

Für ein Haus:

- 4 Baumwollstoffreste in verschiedenen Farben und Mustern, 35 cm x 25 cm (Stoff 1, Haus), 30 cm x 20 cm (Stoff 2, Dach), 10 cm x 15 cm (Stoff 3, Tür), 10 cm x 10 cm (Stoff 4, Fenster)
- Stickgarn in 2 Farben, je 1 m lang
- Sticknadel
- farblich passendes Webband, 2 cm breit, 12,5 cm lang (Schornstein)
- farblich passende Pomponborte, 15 cm lang
- doppelseitig klebendes Bügelvlies, 20 cm x 15 cm
- farblich passendes Garn
- Füllwatte

**SO WIRD'S GEMACHT:**

Hinweis: Die Rückseiten der Stoffe für Fenster und Tür vor dem Zuschneiden mit dem Vlies bebügeln.

*Zuschneiden*

aus Stoff 1: 2x Haus Vorder-/Rückseite, inkl. 1 cm Nahtzugabe;

aus Stoff 2: 2x Dach Vorder-/Rückseite, inkl. 1 cm Nahtzugabe;

aus Stoff 3: 1x Tür;

aus Stoff 4: 1x Fenster

**1** Jeweils ein Schnittteil des Hauses und des Dachs an einer kurzen Seite rechts auf rechts übereinanderlegen und zusammennähen. Die Nahtzugabe auseinanderbügeln.

**2** Das Fenster und die Tür auf die Vorderseite des Hauses aufbügeln, dann zusätzlich mit Stickgarn im Vorstich von Hand annähen.

**3** Die Pomponborte auf die Naht zwischen Dach und Haus aufsteppen.

**4** Vorder- und Rückseite des Hauses rechts auf rechts legen. Für den Schornstein das Webband mittig falten und zwischen die beiden Stofflagen legen, die offenen Kanten des Bandes zeigen dabei nach außen.

**5** Die Stoffe ringsum zusammensteppen, dabei an einer langen Seite eine Wendeöffnung von ca. 10 cm lassen. Das Haus wenden.

**6** Die Nahtzugabe an der Wendeöffnung sorgfältig nach innen bügeln. Das Haus mit Füllwatte austopfen, dann die Wendeöffnung mit Handstichen schließen.

### Tipps

**Eine Reihenhaussiedlung lässt sich auch prima aus alten Hosen, T-Shirts, Kleidern oder Röcken herstellen.**

**Sind die Stoffe sehr ausdrucksstark, kann man auf Fenster und Türen verzichten.**

**Schlichte Stoffe für das Dach lassen sich mit aufgenähtem Webband verzieren.**

# Knuffiges Löwenkissen

SCHWIERIGKEITSGRAD:

GRÖSSE: *ø ca. 46 cm*

## Das brauchen Sie:

**Schnittmuster S. 78**

- Baumwollstoff in Orange-Weiß kariert, 110 cm breit, 55 cm lang (Vorder-/Rückseite = Mähne)
- Baumwollstoff in Gelb mit Punkten, 30 cm breit, 30 cm lang (Gesicht)
- Baumwollstoff in Orange mit Herzen, 50 cm breit, 10 cm lang (Ohren)
- Bügeleinlage mittelstark, 90 cm breit, 110 cm lang
- Kurzhaarplüsch in Goldgelb, 15 cm breit, 15 cm lang (Schnauze)
- Bastelfilz in Braun, 8 cm breit, 4 cm lang (Auge)
- Bastelfilz in Orange, 5 cm breit, 5 cm lang (Nase)
- Wolle in Braun
- farblich passendes Garn
- Füllwatte

**SO WIRD'S GEMACHT:**

*Zuschneiden*

aus kariertem Stoff: 2x Vorder-/Rückseite im Bruch, inkl. 1 cm Nahtzugabe;

aus gepunktetem Stoff: 1x Gesicht im Bruch;

aus Stoff mit Herzen: 4x Ohr, inkl. 7 mm Nahtzugabe;

aus Bügeleinlage: 2x Vorder-/Rückseite im Bruch, inkl. 1 cm Nahtzugabe, 1x Gesicht im Bruch;

aus Kurzhaarplüsch: 1x Schnauze;

aus Bastelfilz in Braun: 2x Auge;

aus Bastelfilz in Orange: 1x Nase

*1* Die Vorder- und Rückseite sowie das Gesicht von links mit der Bügeleinlage verstärken.

*2* Je zwei Ohren rechts auf rechts ringsherum zusammennähen, dabei bleibt die kurze Seite offen. Die Nahtzugabe etwas zurückschneiden, die Ohren durch die Öffnung wenden und die Kanten vorsichtig bügeln. Die Ohren an der offenen Kante entsprechend der Markierung falten und auf die Vorderseite stecken, dann das Gesicht darüber feststecken.

*3* Zuerst das Gesicht, dann die Augen, die Schnauze und zuletzt die Nase ringsherum mit einem engen Zick-Zack-Stich entsprechend der Markierungen mit einem jeweils farblich passenden Garn aufnähen.

*4* Die Rückseite rechts auf rechts ringsherum an die Vorderseite nähen, dabei eine Wendeöffnung lassen. Die Nahtzugabe etwas zurückschneiden und in den Ecken einschneiden. Das Löwenkissen durch die Öffnung wenden und mit reichlich Füllwatte ausstopfen. Die Wendeöffnung mit einigen Handstichen schließen.

*5* Die Mundpartie mit Schneiderkreide vorzeichnen, dann mit der braunen Wolle mit Rückstichen nachsticken. Einige Schnurrhaare seitlich der Nase anbringen, dafür die Wolle jeweils von rechts nach links durch den Stoff ziehen und ein Stück neben der Eintrittsstelle wieder ausstechen. An der Ein- und Austrittsstelle verknoten, sodass die Fäden nicht herausgezogen werden können, und auf die gewünschte Länge kürzen.

# Puzzle-Bodenkissen

SCHWIERIGKEITSGRAD:

GRÖSSE: *114 cm x 114 cm* (mit 9 Kissen)

## Das brauchen Sie:

**Lageplan, Einzelteile und Schablonen S. 74/75**

- 4 verschiedene Baumwollstoffe mit Motiven, je 120 cm breit, 45 cm lang (Stoffe 1–4, für die Eckkissen)
- 2 verschiedene Baumwollstoffe mit grafischen Mustern, je 120 cm breit, 45 cm lang (Stoffe 5 und 6, für die Seitenkissen mit 2 Innenbogen)
- 2 verschiedene Baumwollstoffe mit Punkten bzw. Sternen, je 120 cm breit, 60 cm lang (Stoffe 7 und 8, für die Seitenkissen mit 2 Außenbogen)
- 1 Baumwollstoff mit Motiven, 140 cm breit, 45 cm lang (Stoff 9, für das Mittelkissen)
- 3 verschiedene Baumwollstoffe in Pink, Gelb und Blau, je 140 cm breit, 70 cm lang (für die Seitenteile)
- Bügeleinlage mittelstark, 90 cm breit, 12,50 m lang
- 5 Bogen Papier DIN A1
- farblich passendes Garn
- Füllwatte

**SO WIRD'S GEMACHT:**

Bereiten Sie auf einem Bogen DIN A1-Papier die Schablonen „Außenbogen" und „Innenbogen" für Ihre Schnittmuster vor. Zeichnen Sie auf die vier übrigen Papierbogen jeweils mittig ein Quadrat von 40 cm x 40 cm. Dann zeichnen Sie entsprechend der Skizze die Außen- und Innenbogen für die vier unterschiedlichen Kissenformen mithilfe der Schablonen an jedes der Quadrate. Die Nahtzugabe ist inklusive und beträgt 1 cm. Die fertigen Papierschnittmuster ausschneiden.

### Tipp

**Damit die Puzzleteile auch beim Herumtollen nicht verrutschen, können Sie selbstklebende Klettpunkte an den Seitenteilen der Kissen aufkleben.**

*Zuschneiden*

Vorab alle Stoffe auf der linken Seite mit Bügeleinlage verstärken.

aus Stoff 1–4: je 2x Eckkissen, inkl. 1 cm Nahtzugabe (jeweils gegengleich zuschneiden);

aus Stoff 5 und 6: je 2x Seitenkissen mit 2 Innenbogen, inkl. 1 cm Nahtzugabe (jeweils gegengleich zuschneiden);

aus Stoff 7 und 8: je 2x Seitenkissen mit 2 Außenbogen, inkl. 1 cm Nahtzugabe (jeweils gegengleich zuschneiden);

aus Stoff 9: 2x Mittelkissen, inkl. 1 cm Nahtzugabe (gegengleich zuschneiden);

aus Baumwollstoff in Pink, Gelb oder Blau: pro Kissen je 2x Streifen 140 cm breit, 10 cm lang, inkl. 1 cm Nahtzugabe

**1** Je zwei farblich gleiche Stoffstreifen rechts auf rechts an zwei kurzen Seiten zusammennähen. Nun eine der langen Kanten rechts auf rechts rings um ein Puzzleteil stecken. Wieder am Anfang angekommen, Anfang und Ende des Seitenteils bei 1 cm zusammennähen und den überstehenden Stoff abschneiden. Entlang der gesteckten Kante rings um das Puzzleteil nähen. Wenn Sie an einen Eckpunkt kommen, die Nähmaschinennadel mit dem Handrad im Stoff versenken und die Nahtzugabe des Seitenteils vorsichtig bis zur Nadel einschneiden, dann den Nähfuß anheben, den Stoff drehen und weiternähen. Anschließend die Nahtzugabe in den Rundungen ein- und zurückschneiden.

**2** Das gegengleiche Puzzleteil genauso an die zweite lange Seite des Seitenteils nähen, dabei eine Wendeöffnung lassen.

**3** Alle Kissen auf die gleiche Weise nähen, dann die Hüllen jeweils durch die Öffnung wenden, mit reichlich Füllwatte ausstopfen und die Wendeöffnung mit einigen Handstichen schließen.

# Galaktisches Raketenkissen

SCHWIERIGKEITSGRAD:

GRÖSSE: *40 cm x 20 cm*

## Das brauchen Sie:

**Schnittmuster S. 79**

- Baumwollstoff mit Rautenmuster in Rot-Weiß, 60 cm breit, 15 cm lang (für die Spitze)
- Jeansstoff mit Sternen, 140 cm breit, 30 cm lang (für den Rumpf)
- Baumwollstoff in Blau-Weiß gestreift, 70 cm breit, 20 cm lang (für die Außenbeine)
- Baumwollstoff mit Sternen, 110 cm breit, 20 cm lang (für Fenster, Innenbeine und Boden)
- Textilfilz in Rot, 60 cm breit, 10 cm lang, 2 mm dick (für Fensterrahmen und Feuerschweif)
- Webband mit Raumfahrtmotiven, 1,5 cm breit, 1 m lang
- farblich passendes Garn
- Füllwatte

**SO WIRD'S GEMACHT:**

*Zuschneiden*

aus Stoff mit Rauten: 3x Spitze im Bruch, inkl. 1 cm Nahtzugabe;

aus Jeansstoff mit Sternen: 3x Rumpf im Bruch, inkl. 1 cm Nahtzugabe;

aus gestreiftem Stoff: 3x Außenbein im Bruch, inkl. 1 cm Nahtzugabe;

aus Stoff mit Sternen: 3x Innenbein im Bruch, 1x Boden im Bruch, inkl. 1 cm Nahtzugabe, 3x Fenster;

aus rotem Textilfilz: 3x Feuerschweif, inkl. 1 cm Nahtzugabe, 3x Fensterrahmen

***1*** Die Fenster entsprechend der Markierung auf den Rumpfteilen positionieren und ringsherum aufnähen. Dann je einen Fensterrahmen darüberlegen und an der Außen- und Innenkante mit einem kleinen Zick-Zack-Stich ringsherum aufnähen.

***2*** Zwei der Rumpfteile an einer langen Kante zusammennähen, dann das dritte Teil an eine noch offene lange Kante nähen. Der Stoff liegt dabei immer rechts auf rechts. Alle Nahtzugaben auseinanderbügeln.

***3*** Auf dieselbe Weise die Spitze vorbereiten. Dann ebenso die Außenbeine sowie die Innenbeine jeweils an zwei der langen seitlichen Kanten rechts auf rechts zusammennähen.

***4*** Die Spitze an die obere Kante und die Außenbeine an die untere Kante des Rumpfs nähen, die Stoffe liegen dabei rechts auf rechts. Alle Nahtzugaben auseinanderbügeln. Das Webband mit knappkantigen Nähten entlang beider Außenkanten mittig auf der rechten Stoffseite über die beiden Verbindungsnähte nähen. Nun die noch offene seitliche Kante der Rakete rechts auf rechts zusammennähen und dabei eine Wendeöffnung lassen.

***5*** Die letzte seitliche Naht der Innenbeine schließen. Den Boden rund in die obere Öffnung der Innenbeine einnähen. Die Stoffe liegen dabei rechts auf rechts. Die Feuerschweife mit einer jeweils knappkantigen Naht auf der rechten Stoffseite der Außenbeine, entsprechend der Markierung und mit den Zacken zur Rakete gerichtet, vorfixieren. Die Innenbeine entlang der unteren Kante rechts auf rechts an die Außenbeine nähen.

***6*** Die Nahtzugabe in den Rundungen einschneiden und an den unteren Enden zurückschneiden. Die Rakete durch die Öffnung wenden, mit reichlich Füllwatte ausstopfen und die Wendeöffnung mit einigen Handstichen schließen.

# Wärmflaschen-Kissen „Kleiner Wal"

SCHWIERIGKEITSGRAD:

GRÖSSE: *26 cm x 16 cm*

## Das brauchen Sie:

**Schnittmuster S. 80**

- Fleece in Türkisblau, 80 cm breit, 25 cm lang (Körper)
- Baumwollstoff in Hellblau gemustert, 60 cm breit, 15 cm lang (Flossen)
- Baumwollstoff in Dunkelblau gemustert, 20 cm breit, 10 cm lang (Bauch)
- Bügeleinlage, 60 cm breit, 15 cm lang
- 2 Nahtreißverschlüsse in Türkis, je 20 cm lang
- Bastelfilz in Weiß, 10 cm breit, 7 cm lang
- Bastelfilz in Schwarz, 8 cm breit, 5 cm lang
- Stickgarn in Pink
- farblich passendes Garn
- kleine Wärmflasche, ca. 25 x 16 cm (mit Verschluss)

**SO WIRD'S GEMACHT:**

Vorab den gemusterten Stoff in Hellblau für die Flossen auf der linken Seite mit der Bügeleinlage verstärken.

*Zuschneiden*

aus Fleece: 2x Körper, 2x Schwanzflosse, inkl. 1 cm Nahtzugabe;

aus Stoff in Hellblau gemustert: 2x Schwanzflosse, 4x seitliche Flosse, inkl. 1 cm Nahtzugabe;

aus Stoff in Dunkelblau gemustert: 1x Bauch, inkl. 1 cm Nahtzugabe;

aus Bastelfilz in Weiß: 2x Auge;

aus Bastelfilz in Schwarz: 2x Pupille

**1** Zuerst die Augen, dann die Pupillen entsprechend der Markierung mit einem engen Zick-Zack-Stich ringsherum auf die beiden Zuschnitte für den Körper nähen.

**2** Je zwei der seitlichen Flossen rechts auf rechts ringsherum zusammennähen, dabei bleibt die kurze Seite offen. Die Nahtzugabe etwas zurückschneiden, durch die Öffnung wenden und die Kanten bügeln. Die seitlichen Flossen entsprechend der Markierung mit der gebogenen, langen Kante zum Gesicht gerichtet knappkantig entlang der offenen Kanten auf je eine Körperseite nähen. Die Nahtzugabe etwas zurückschneiden. Dann die Flosse nach hinten klappen und noch einmal knappkantig entlang der kurzen Kante nähen.

**3** Einen der Reißverschlüsse öffnen und eine Seite rechts auf rechts entlang der gebogenen Kante an den Bauch stecken, die andere Seite entsprechend der Markierung rechts auf rechts auf eine Seite des Körpers stecken. Nun beide Seiten annähen. Den Reißverschluss schließen.

**4** Je zwei Schwanzflossenteile rechts auf rechts an den beiden schrägen Kanten zu einem trichterförmigen Ring zusammennähen und die Nahtzugabe auseinanderbügeln. Die beiden Schwanzflossen rechts auf rechts ineinanderstecken und entlang der langen Kante die beiden Stofflagen ringsum zusammennähen. Die Flosse wenden, sodass der gemusterte Stoff nach außen zeigt, und bügeln.

**5** Die Seiten des geöffneten zweiten Reißverschlusses entsprechend der Markierung jeweils rechts auf rechts auf die unteren Kanten beider Körperseiten stecken. Nun in der Rille, möglichst nah an den Reißverschlusszähnchen, annähen. Nähen Sie vorsichtig mithilfe des Handrads über den Reißverschluss der Tasche. Anschließend den

Reißverschluss ein Stück schließen und den Körper, beginnend am Reißverschlussanfang, rechts auf rechts ringsherum bis zum Reißverschlussende zusammennähen, dabei eine Öffnung für die Schwanzflosse entsprechend der Markierungen lassen. Der Stoff liegt dabei rechts auf rechts.

**6** Die noch offene kurze Kante der Schwanzflosse rechts auf rechts rings um die Öffnung am Körper nähen, alle Stofflagen werden dabei zusammengefasst. Den Wal wenden. Den Mund mit Schneiderkreide vorzeichnen, dann mit dem Stickgarn mit Rückstichen aufsticken. Die Wärmflasche in den Wal einlegen, sodass der Verschluss durch die Schwanzflosse sichtbar ist.

*Tipp*

**In der „Sorgentasche" am Bauch des Wals ist Platz für Taschentücher, ein kleines Schnuffeltuch oder einen Notfallschnuller.**

# Gemütlicher Sitzsack

SCHWIERIGKEITSGRAD:

GRÖSSE: *48 cm x 48 cm x 90 cm*

## Das brauchen Sie:

**Skizze für Zuschnitt von Spitze, Seitenteil und Boden S. 66**

- Baumwollstoff mit Motiven, 110 cm breit, 130 cm lang (für die Seitenteile)
- Baumwollstoff in Pink mit Punkten, 110 cm breit, 60 cm lang (für die Spitze)
- Baumwollstoff in Weiß mit Sternen, 110 cm breit, 60 cm lang (für die Spitze)
- Jeansstoff, 50 cm x 50 cm (für den Boden)
- farblich passendes Garn
- Styroporkugeln zum Befüllen von Sitzsäcken, 200 l

**SO WIRD'S GEMACHT:**

*Zuschneiden*

aus Stoff mit Motiven: 4x Seitenteil 50 cm breit, 64 cm lang, inkl. 1 cm Nahtzugabe;

aus Stoff mit Punkten: 2x Spitze, inkl. 1 cm Nahtzugabe;

aus Stoff mit Sternen: 2x Spitze, inkl. 1 cm Nahtzugabe;

aus Jeansstoff: 1x Boden 50 cm breit, 50 cm lang, inkl. 1 cm Nahtzugabe

**1** Je eine Spitze mit der kurzen Seite rechts auf rechts an eine kurze Seite eines Seitenteils nähen. Nun je zwei dieser Teile rechts auf rechts an einer langen Seite zusammennähen. Dann die beiden entstandenen Teile an den noch offenen langen Kanten rechts auf rechts zusammennähen, dabei an einer Seite mittig eine Wendeöffnung lassen. Anschließend alle Nahtzugaben auseinanderbügeln.

**2** Den Boden rechts auf rechts ringsum an die Unterkante des Sitzsacks nähen. Die Nahtzugabe an den Ecken vorsichtig einschneiden und zurückschneiden.

**3** Den Sitzsack durch die Öffnung wenden, mit den Styroporkugeln befüllen und die Wendeöffnung mit einigen Handstichen schließen.

### Tipp

Um den Sitzsack mit den Kügelchen zu befüllen, schneiden Sie die Tüte mit der Füllung an einer Ecke vorsichtig auf und schieben diese Öffnung in die Wendeöffnung hinein. Lassen Sie die Kügelchen in den Sitzsack rieseln und schließen Sie die Wendeöffnung zunächst mit Stecknadeln, bevor Sie diese mit einigen Handstichen schließen.

# Sitz- und Spielwürfel

SCHWIERIGKEITSGRAD:

GRÖSSE: **38 cm** (Seitenlänge)

## Das brauchen Sie:

- 6 verschiedene Baumwollstoffe mit Motiven, je 40 cm breit, 40 cm lang (für die Würfelseiten)
- 6 verschiedene Baumwollstoffe mit kleinen Mustern, je 25 cm breit, 20 cm lang (für die Laschen)
- Wattevlies, 80 cm breit, 120 cm lang, ca. 2 cm dick
- farblich passendes Garn
- Füllwatte

**SO WIRD'S GEMACHT:**

*Zuschneiden*

aus klein gemusterten Baumwollstoffen:
6 unterschiedliche Laschen =
1 x 22 cm breit, 20 cm lang,
1 x 22 cm breit, 18 cm lang,
1 x 20 cm breit, 20 cm lang,
1 x 20 cm breit, 16 cm lang,
1 x 20 cm breit, 10 cm lang,
1 x 12 cm breit, 10 cm lang,
jeweils inkl. 1 cm Nahtzugabe;

aus Wattevlies: 6x Würfelseite 40 cm x 40 cm, inkl. 1 cm Nahtzugabe

**1** Je eine Würfelseite mit der linken Stoffseite auf ein Stück Wattevlies stecken und die beiden Lagen ringsherum knappkantig vorfixieren.

**2** Die beiden langen Kanten aller Laschen zur Mitte bügeln. Dann die Laschen der Länge nach mittig falten und beidseitig knappkantig absteppen.

**3** Die Laschen jetzt der Breite nach mittig falten. Dann vier der Würfelseiten nebeneinanderlegen und die aneinanderstoßenden Kanten rechts auf rechts aneinandernähen, sodass ein Streifen entsteht. Dabei in jeder Naht eine beliebig platzierte Lasche mitfassen. Anschließend die beiden kurzen Kanten des Streifens rechts auf rechts zusammennähen, sodass ein Ring entsteht. Dabei wieder eine Lasche mitfassen.

**4** Die beiden übrigen Würfelseiten rechts auf rechts oben und unten in den Ring einsetzen, dabei an einer Seite mittig eine Wendeöffnung lassen. Auch hier je eine Lasche in einer der Nähte mitfassen. Die Ecken vorsichtig einschneiden und die Nahtzugabe zurückschneiden.

**5** Den Würfel wenden, mit reichlich Füllwatte ausstopfen und die Wendeöffnung mit einigen Handstichen schließen.

# Schnittmuster

**Wichtig:** Die Schnittmuster auf den nachfolgenden Seiten sind verkleinert abgebildet. Bitte vergrößern Sie diese Schnittmuster mit dem Kopiergerät auf den jeweils angegebenen Prozentwert (entweder auf die doppelte Größe = 200 % oder auf die vierfache Größe = 400 %). Bei besonders großen Schnittmustern benötigen Sie mehrere Blätter, die Sie an den eingezeichneten Kopierhilfslinien zusammensetzen müssen.

**Kissen mit Fotoprint, S. 10 (auf 200 % vergrößern)**

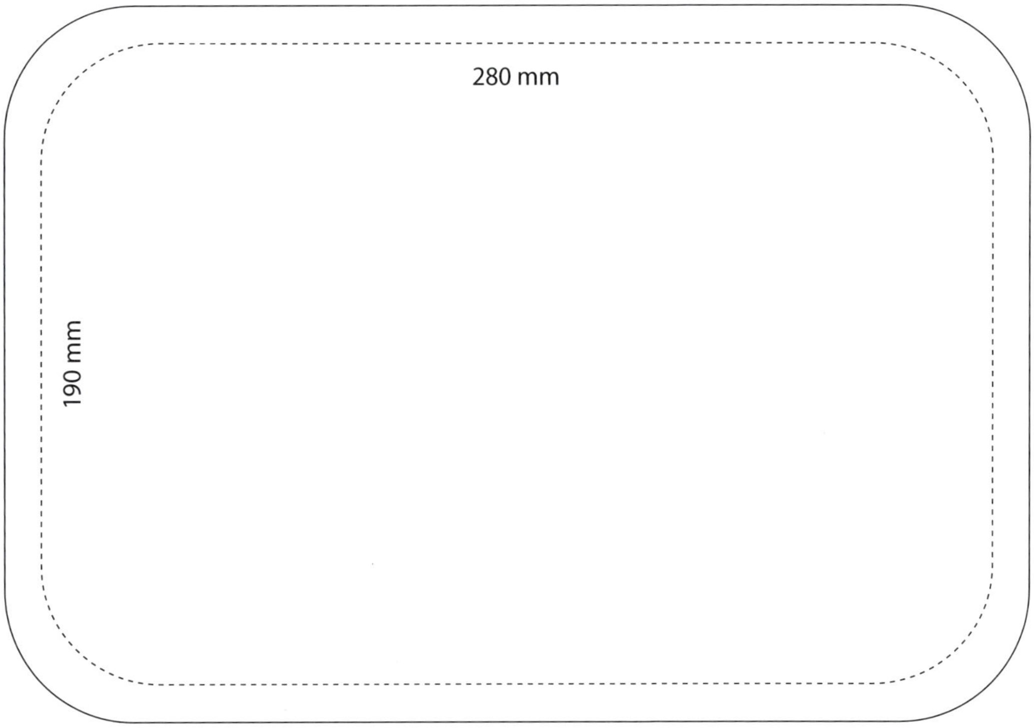


3x Kreativ-Stoff
3x hellbrauner Stoff
inkl. 1 cm Nahtzugabe

**Gemütlicher Sitzsack, S. 62 (Schemazeichnung)**

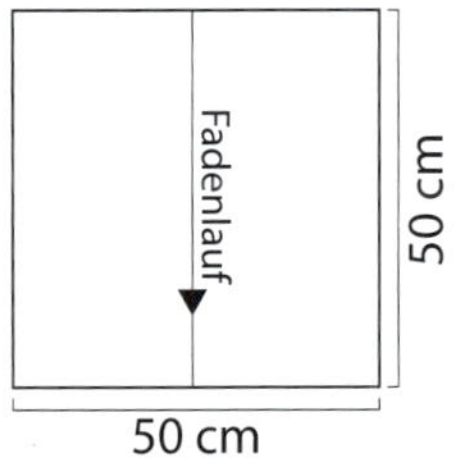


Boden
1x Jeansstoff
inkl. 1 cm Nahtzugabe

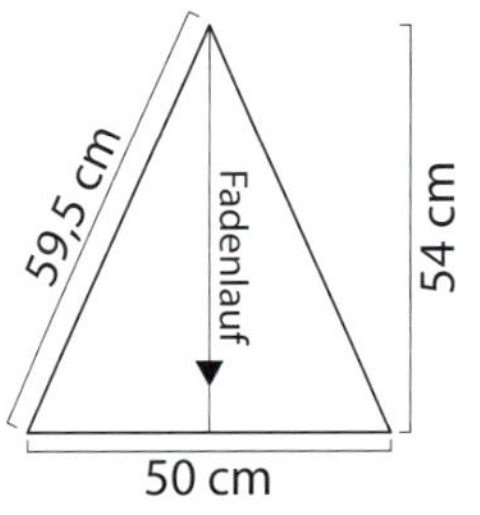


Spitze
2x Stoff mit Punkten
2x Stoff mit Sternen
inkl. 1 cm Nahtzugabe

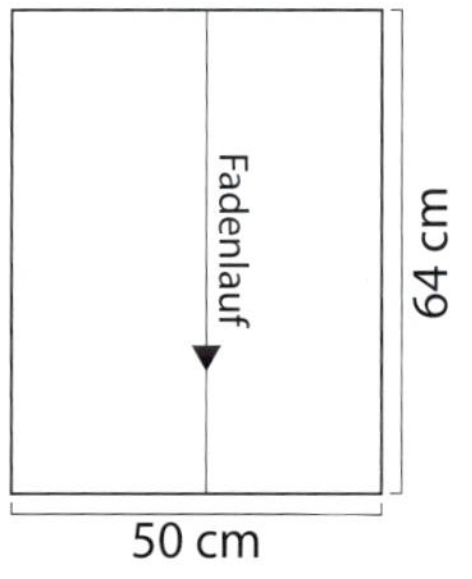


Seite
4x Stoff mit Motiv
inkl. 1 cm Nahtzugabe

**Kissen mit Blütenmotiv, S. 8**
**(auf 200 % vergrößern)**

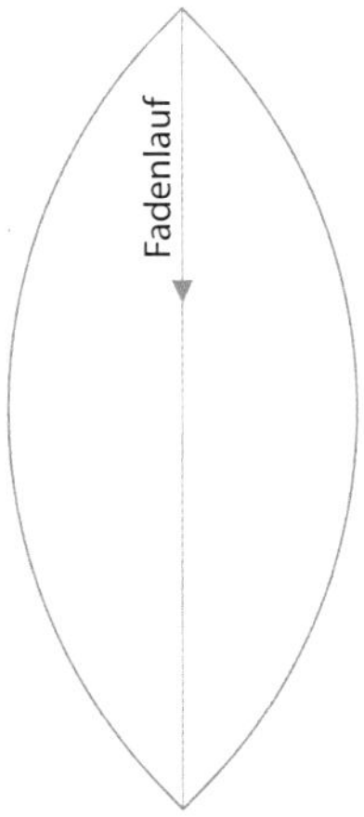


ganze Blüte
8x Stoff 1
8x Stoff 2
4x Stoff 3
4x Stoff 4
inkl. 5 mm Nahtzugabe

Heft-/Bügelschablone
3x kopieren = 24x ganze Blüte

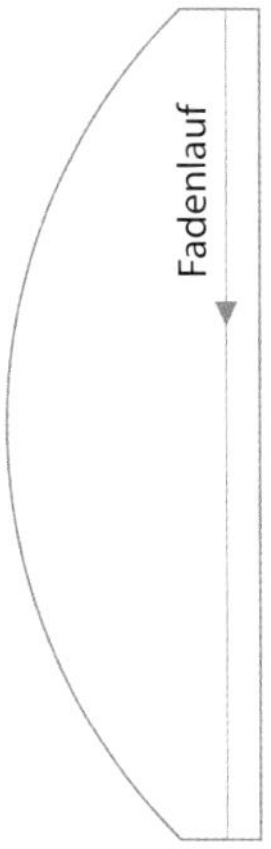


halbe Blüte
8x Stoff 3
8x Stoff 4
inkl. 5 mm Nahtzugabe

Heft-/Bügelschablone
2x kopieren = 16x halbe Blüte

**Farbenfrohes Birnenkissen, S. 14 (auf 400 % vergrößern)**

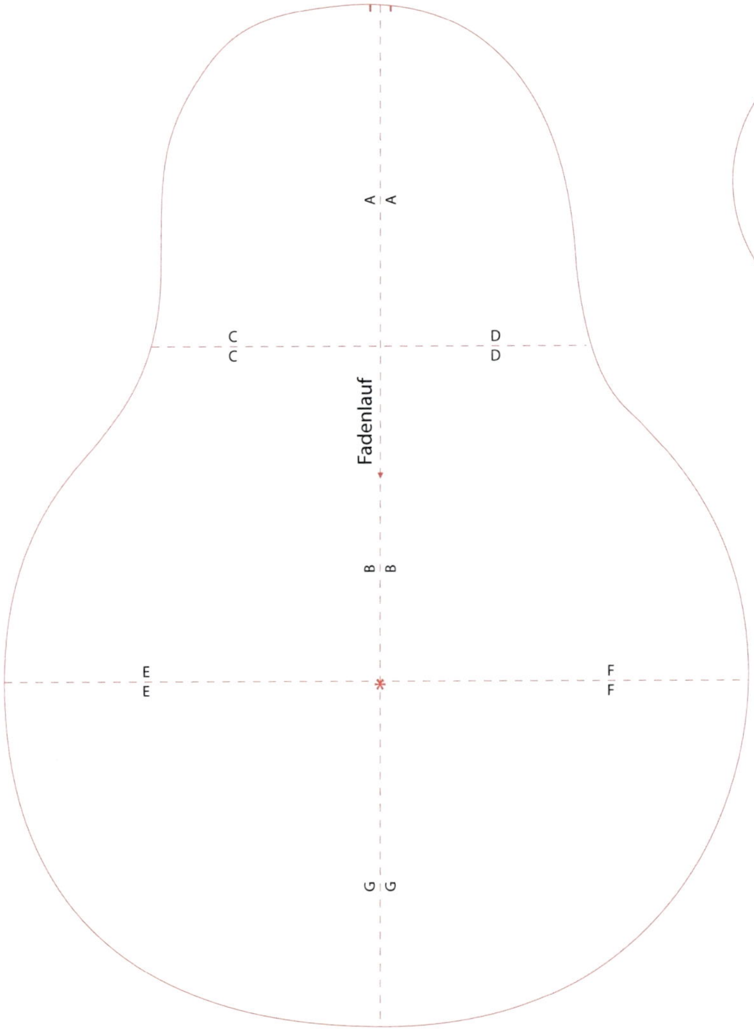


Vorder-/Rückseite
1x Stoff 1
1x Stoff 2
▬ Position Ripsband
— — Kopierhilfslinien
✳ Mittelpunkt Blüte
inkl. 1 cm Nahtzugabe

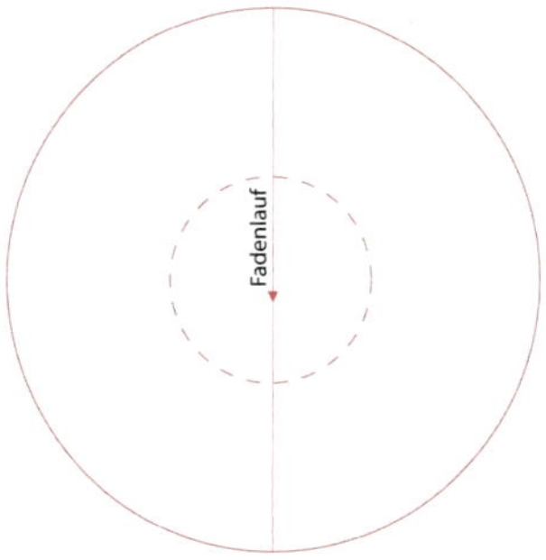


Kreisrüsche
1x Stoff 1
— — Position Mitte der Kreisrüsche
inkl. 5 mm Nahtzugabe

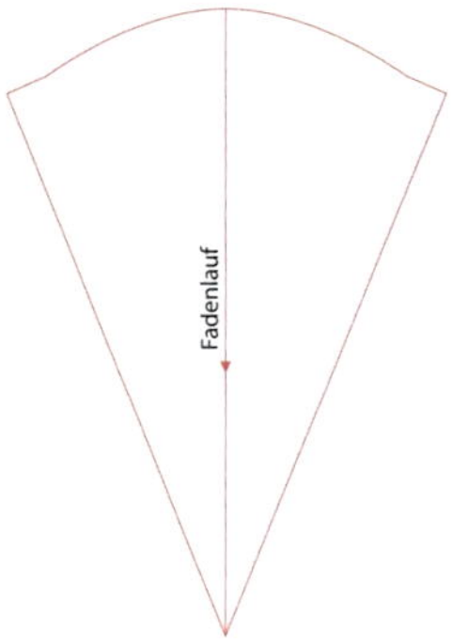


Blüte
1x Stoff 2
2x Stoff 3
2x Stoff 4
je 1x Stoffe 5, 6, 7
inkl. 7 mm
Nahtzugabe

Schablone
Blüte
1x Karton

**Kissen im Mustermix, S. 16 (auf 200 % vergrößern)**

Rechteck
abgeschrägt groß
2x Stoff 2
– – – Kopierhilfslinie
inkl. 7 mm Nahtzugabe

Rechteck abgeschrägt klein
2x Stoff 2
inkl. 7 mm Nahtzugabe

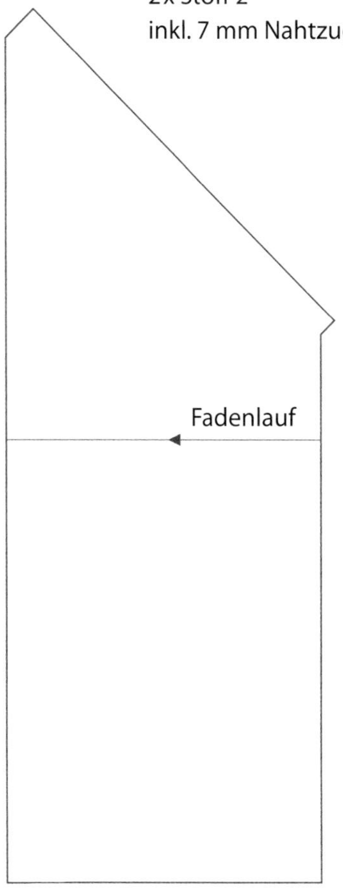


Dreieck groß
6x Stoff 1
inkl. 7 mm Nahtzugabe

Dreieck klein
2x Stoff 1
inkl. 7 mm Nahtzugabe

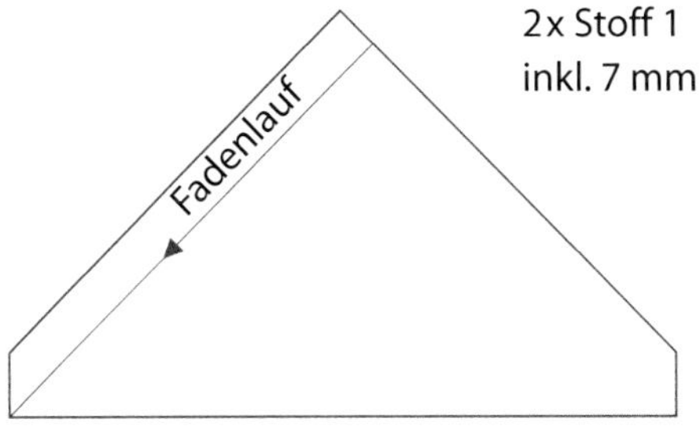


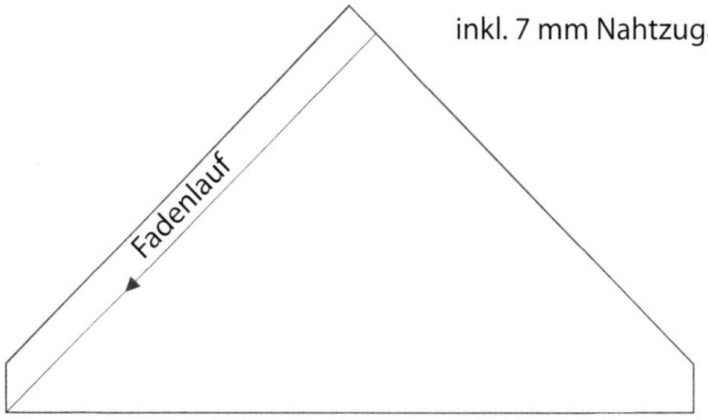

**Sitzpouf mit Sternmotiv, S. 32**
**(auf 200 % vergrößern)**

Kreisrüsche
1x Stoff 1
inkl. 5 mm
Nahtzugabe
— — Mitte der
Kreisrüsche
aus Stoff 3

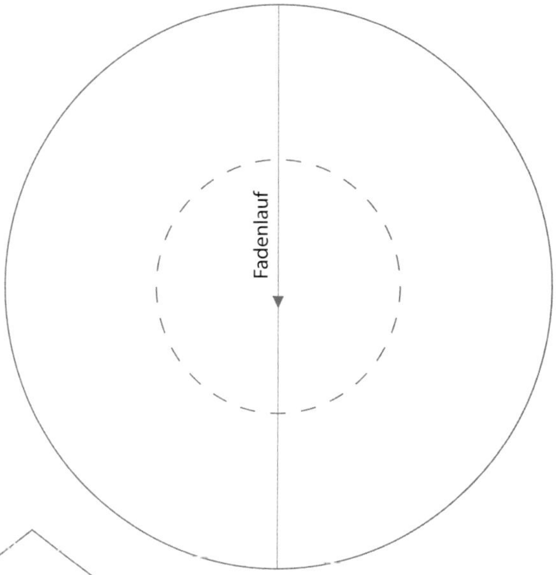


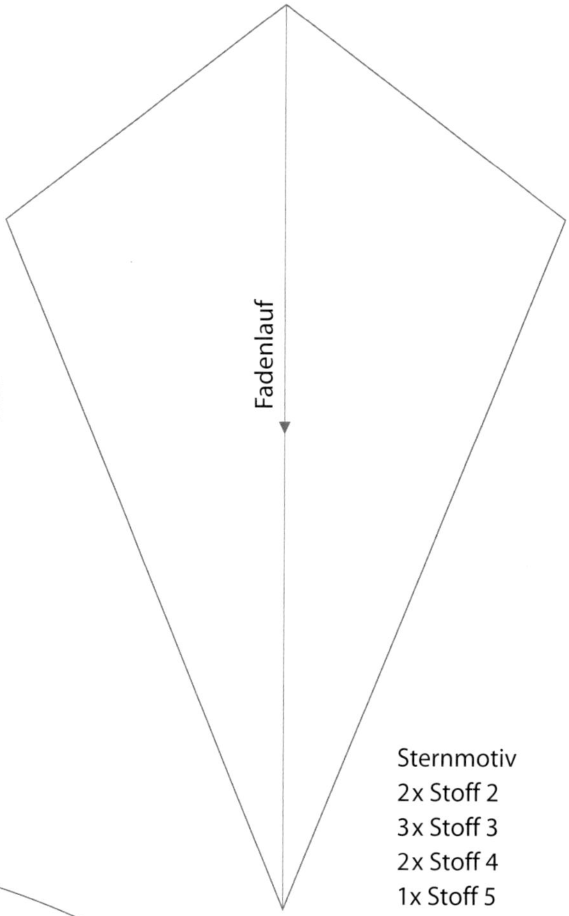


Sternmotiv
2x Stoff 2
3x Stoff 3
2x Stoff 4
1x Stoff 5
inkl. 7 mm
Nahtzugabe

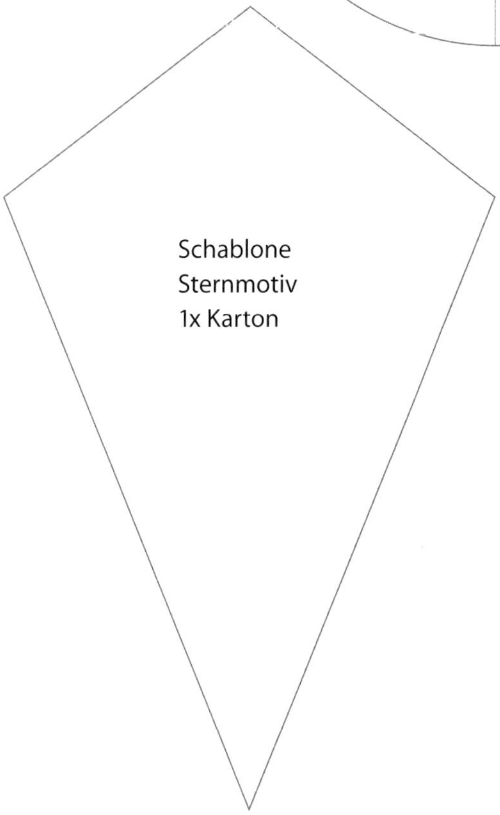

Schablone
Sternmotiv
1x Karton

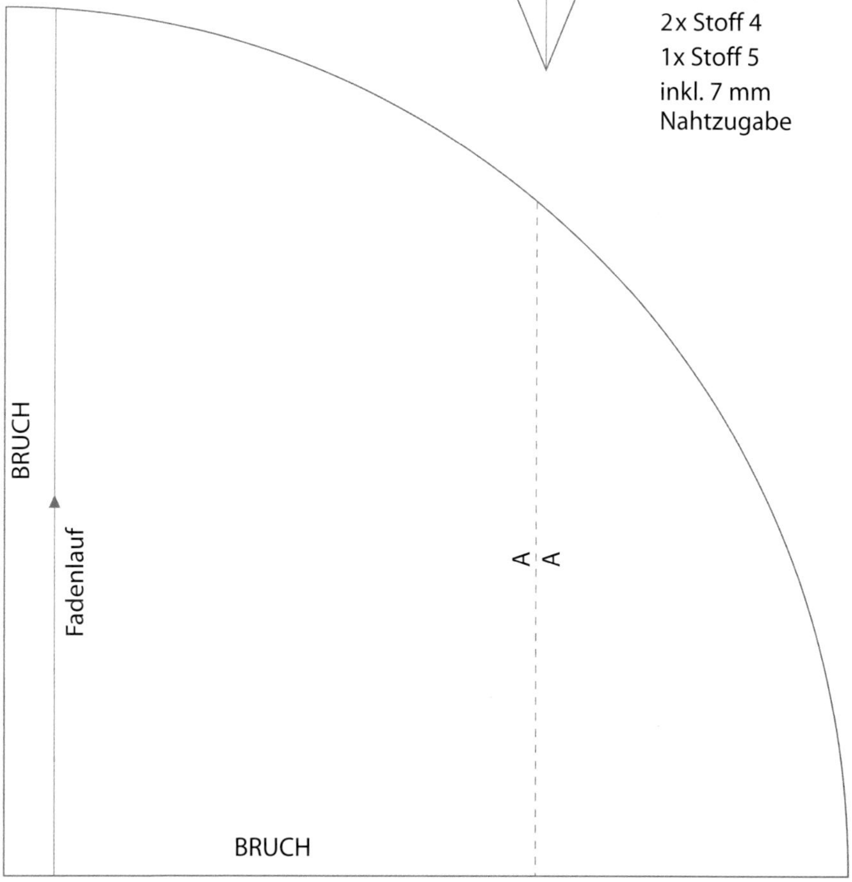


Vorder-/Rückseite
1x Stoff 1 im Bruch
1x Stoff 2 im Bruch
Achtung, 2 Bruchkanten!
– – – Kopierhilfslinie
inkl. 7 mm Nahtzugabe

**Stuhlpolster mit Quasten, S. 34 (auf 200 % vergrößern)**

Dreieck
2x Baumwollstoff mit Blumen
2x gestreifter Baumwollstoff
plus 1 cm Nahtzugabe

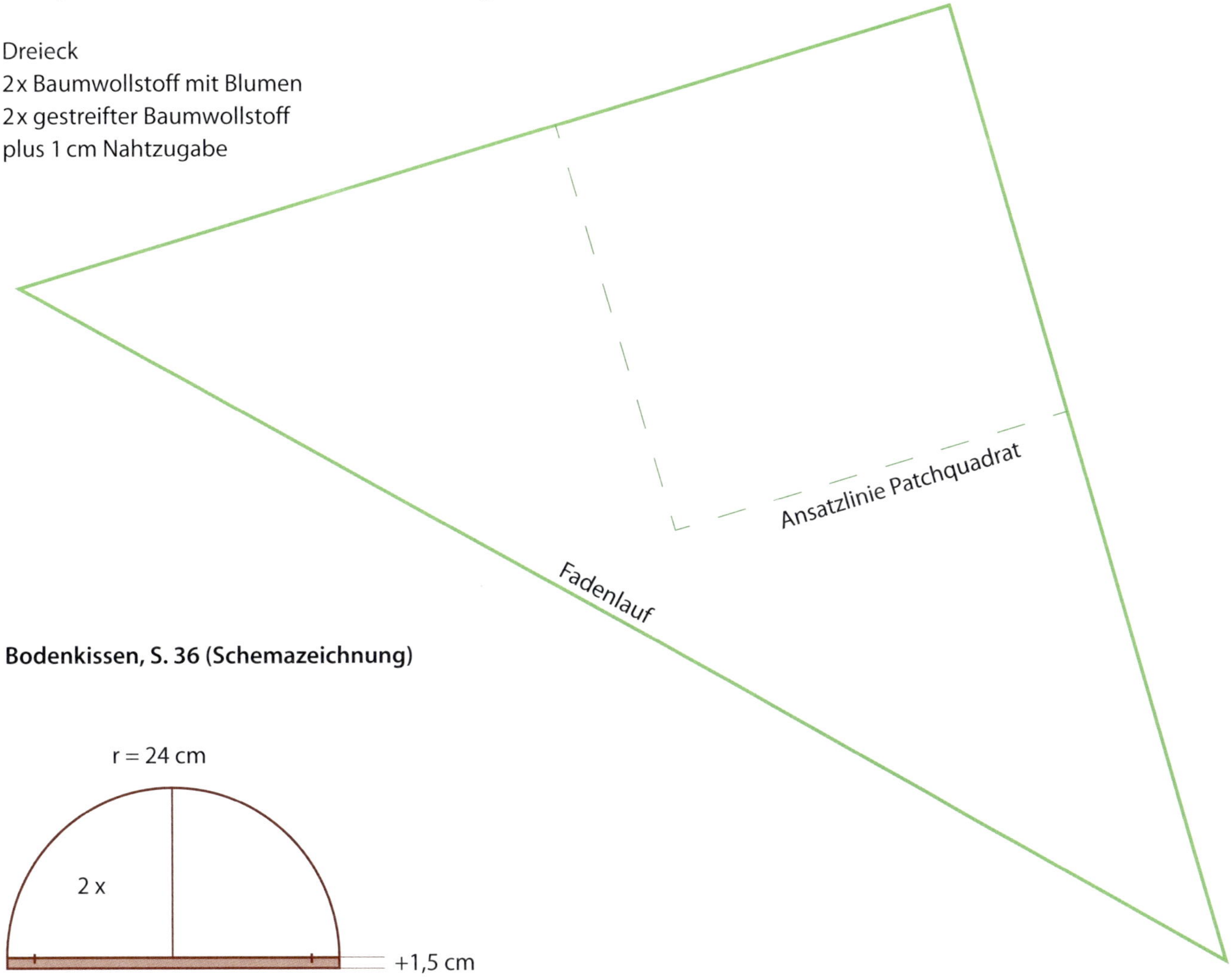


**Bodenkissen, S. 36 (Schemazeichnung)**

r = 24 cm
2 x
+1,5 cm

Boden
2x gepunkteter Stoff
inkl. Nahtzugabe plus 1,5 cm Nahtzugabe
an der geraden Seite

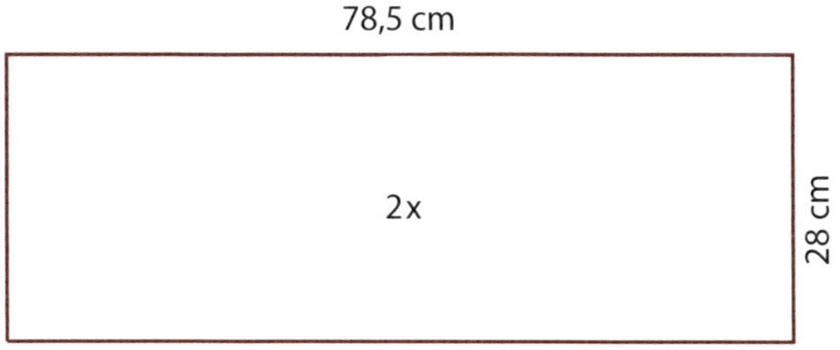


Seitenwand
2x gepunkteter Stoff
inkl. Nahtzugaben

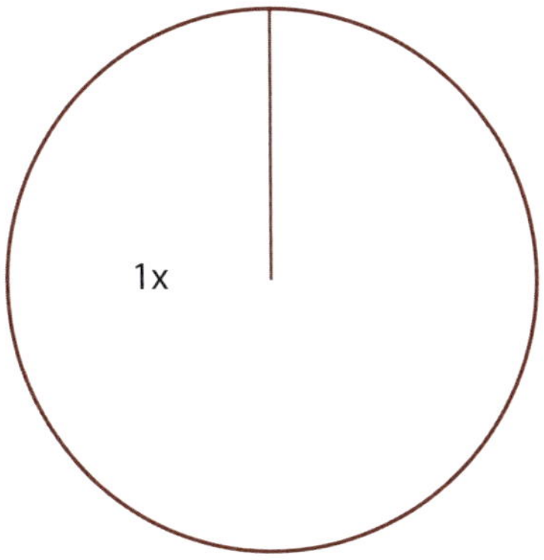


r = 24 cm
U = 151 cm

Oberseite
1x gepunkteter Stoff
inkl. Nahtzugabe

**Tabletkissen, S. 38 (auf 200 % vergrößern)**

Seitenteil
2 x Stoff gestreift im Bruch
2 x Bügeleinlage im Bruch
- - - Markierung Position Gummiband
inkl. 1 cm Nahtzugabe

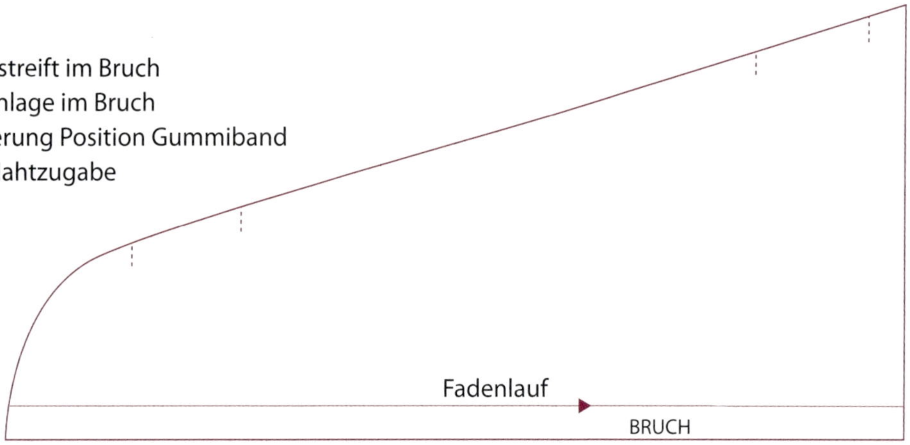

**Leseknochen, S. 40 (auf 200 % vergrößern)**

1x Stoff mit Blüten im Bruch
1x Stoff mit Ornamenten im Bruch
1x Stoff mit Rauten im Bruch
Achtung, 2 Bruchkanten!
Markierung Nahtende/Quaste
inkl. 1 cm Nahtzugabe

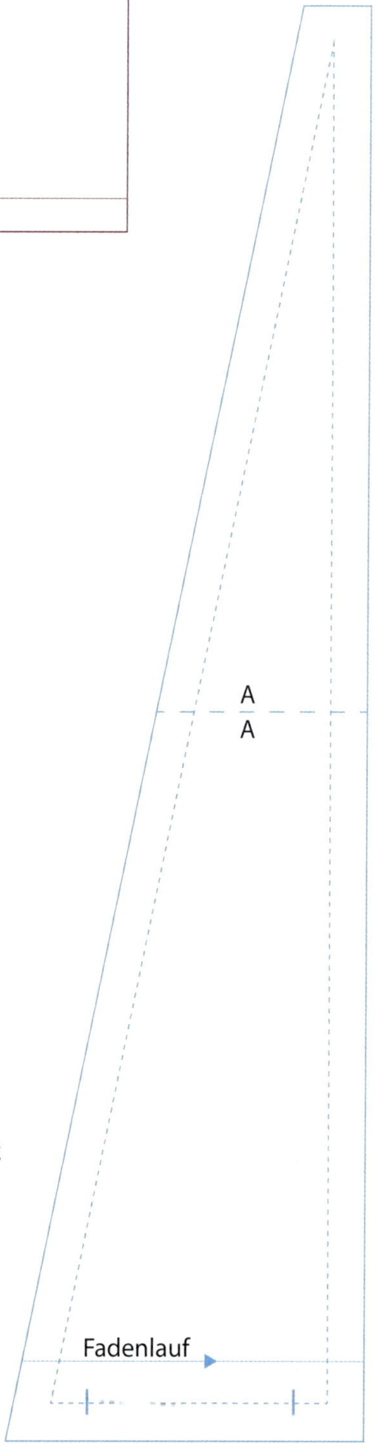


**Praktisches Keilsitzkissen, S. 42 (auf 200 % vergrößern)**

Seitenteil
2x Stoff einfarbig
Markierung Ripsband
- - - - Nahtlinie
— — Kopierhilfslinie
inkl. 1 cm Nahtzugabe

**Kunterbunte Kissenhäuschen, S. 52 (auf 200 % vergrößern)**

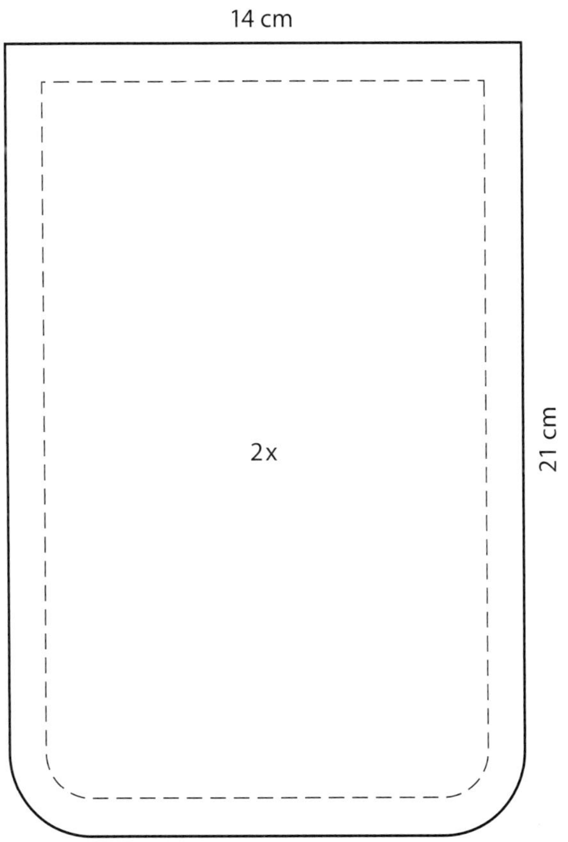


Haus
Vorder-/Rückseite
2x Stoff 1
inkl. 1 cm Nahtzugabe

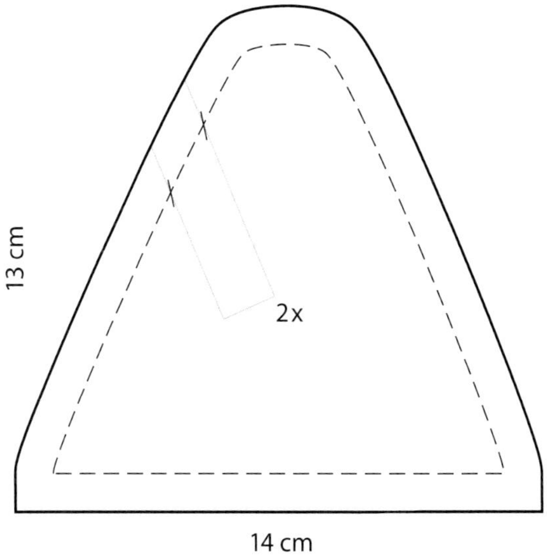


Dach
Vorder-/Rückseite
2x Stoff 2
inkl. 1 cm Nahzugabe

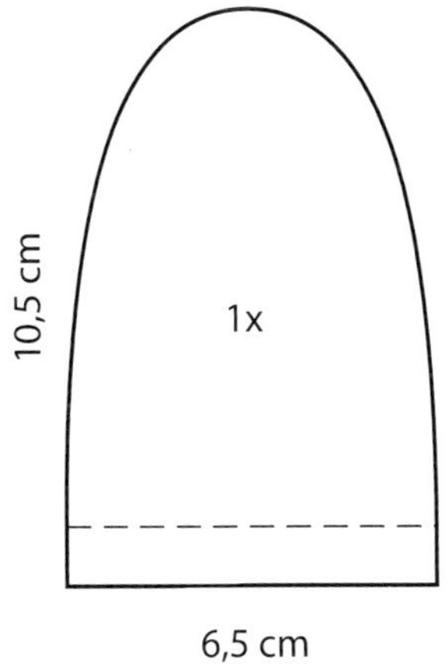


Tür
1x Stoff 3
ohne Nahtzugabe

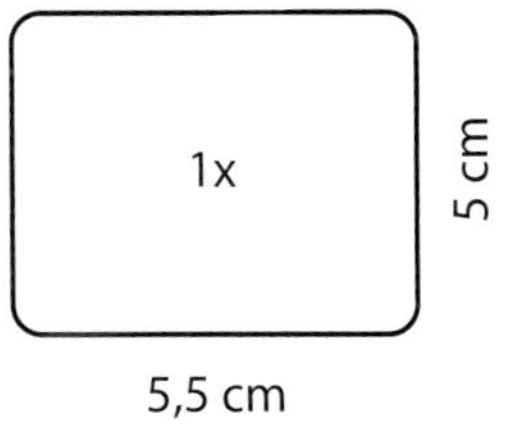


Fenster
1x Stoff 4
ohne Nahtzugabe

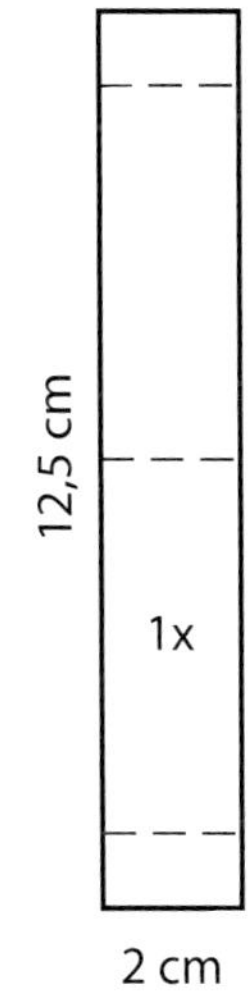


Schornstein
1x Webband

**Yogakissen, S. 44 (auf 200% vergrößern)**

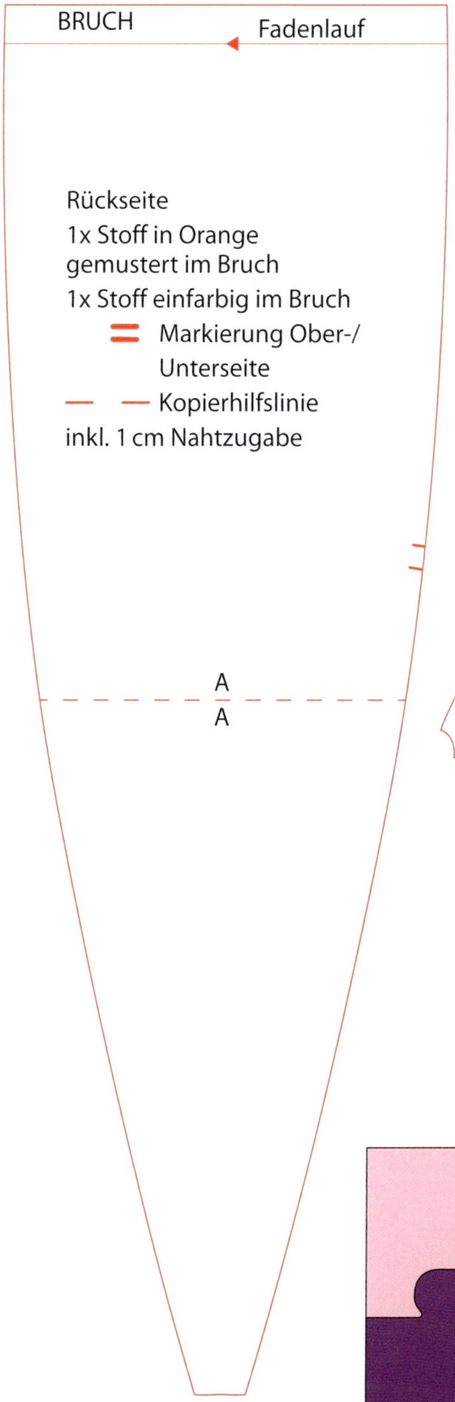


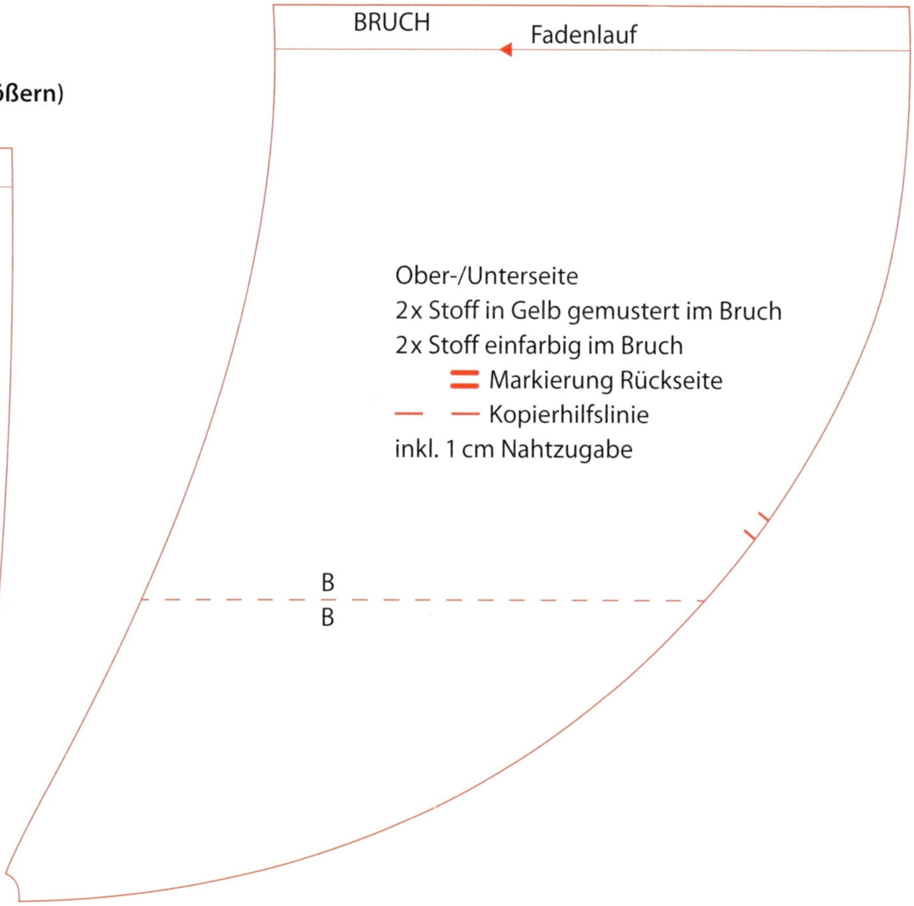


**Puzzle-Bodenkissen, S. 56**
**Lageplan und Einzelteile**

Eckkissen

Mittelkissen

Seitenkissen mit zwei Außenbogen

Seitenkissen mit zwei Innenbogen

**Puzzle-Bodenkissen, S. 56**
**(auf 200% vergrößern)**

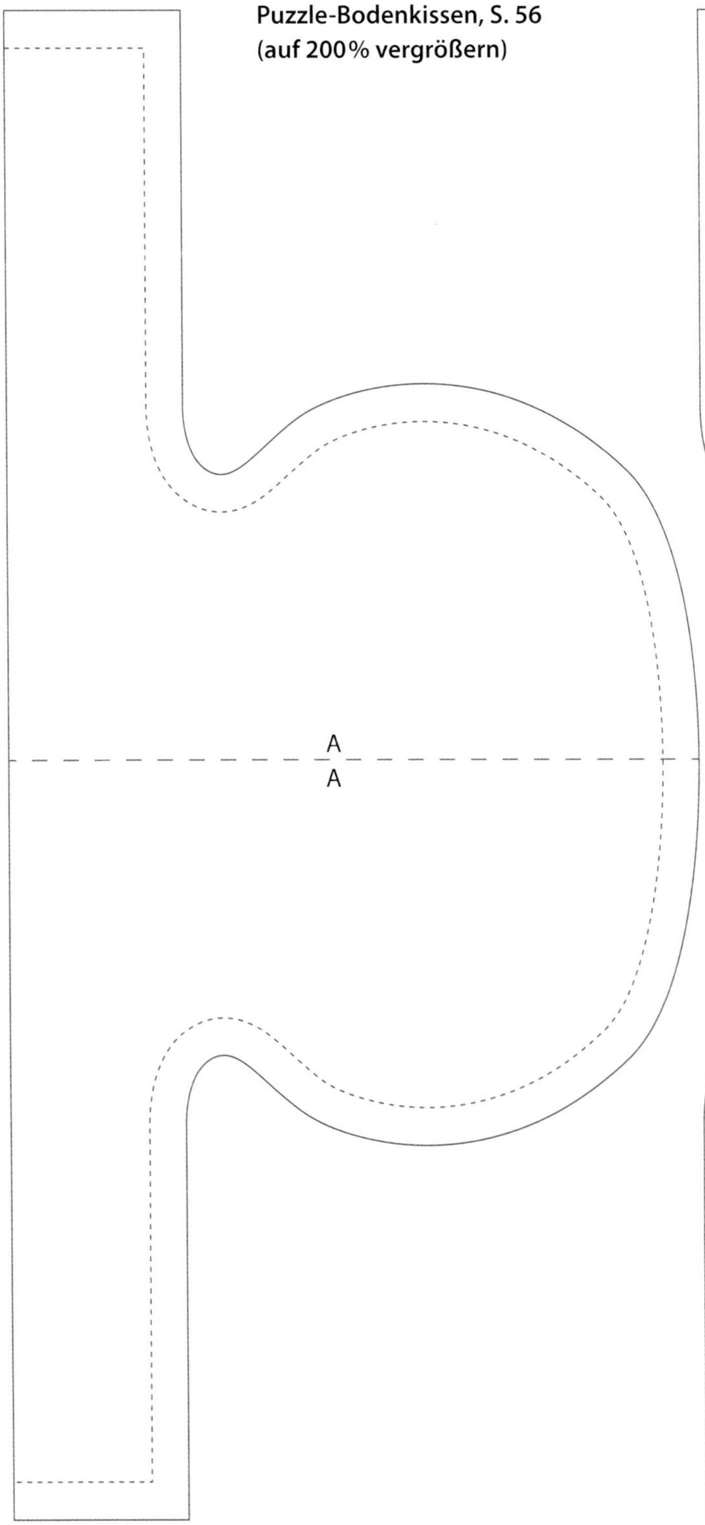


Schablone für Schnittmuster
Außenbogen
- - - - - Nahtlinie
— — Kopierhilfslinie
inkl. 1 cm Nahtzugabe

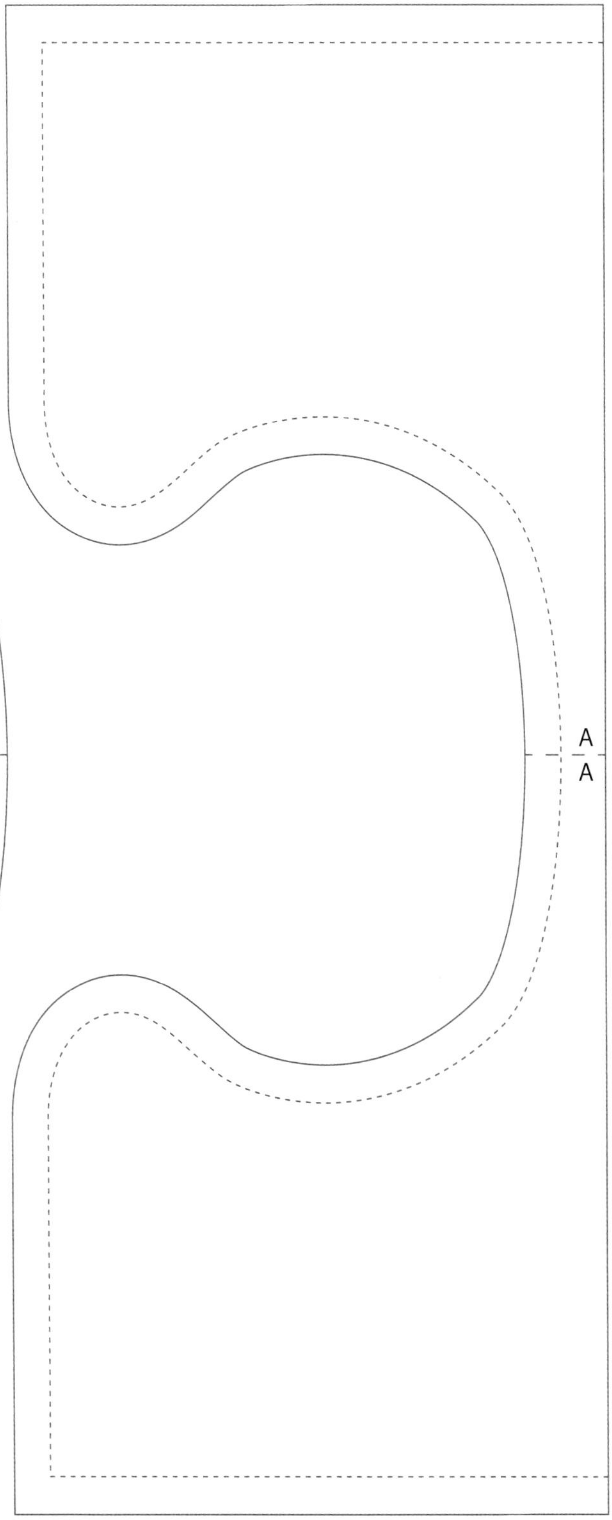


Schablone für Schnittmuster
Innenbogen
- - - - - Nahtlinie
— — Kopierhilfslinie
inkl. 1 cm Nahtzugabe

**Baby-Spielkissen „Regenwurm", S. 50**
**(auf 400 % vergrößern)**

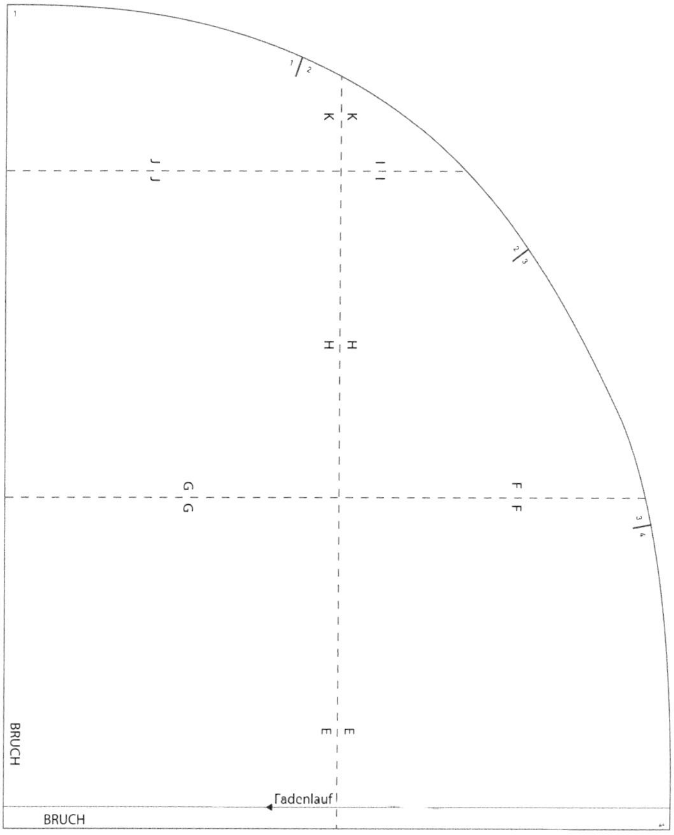


Unterseite
1x grüner Samt im Bruch
1x Wattevlies im Bruch
Achtung, je 2 Bruchkanten!
━━ Markierung Nähte Wurm
1–4 Nummerierung Schnittteile Wurm
— — Kopierhilfslinie
inkl. 1 cm Nahtzugabe

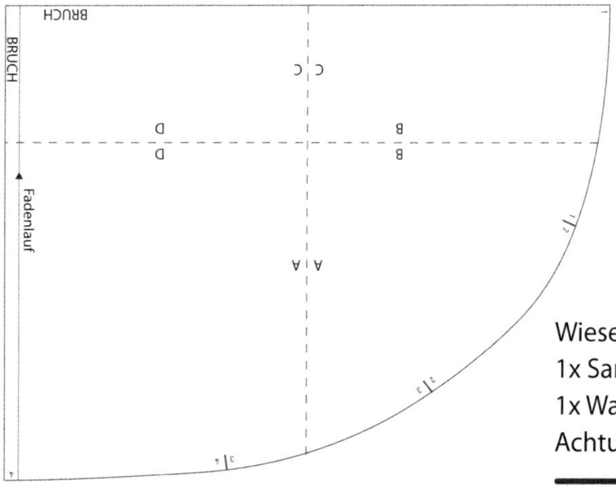


Wiese
1x Samt in Grün im Bruch
1x Wattevlies im Bruch
Achtung, je 2 Bruchkanten!
━━ Markierung Nähte Wurm
1–4 Nummerierung Schnittteile Wurm
— — Kopierhilfslinie
inkl. 1 cm Nahtzugabe

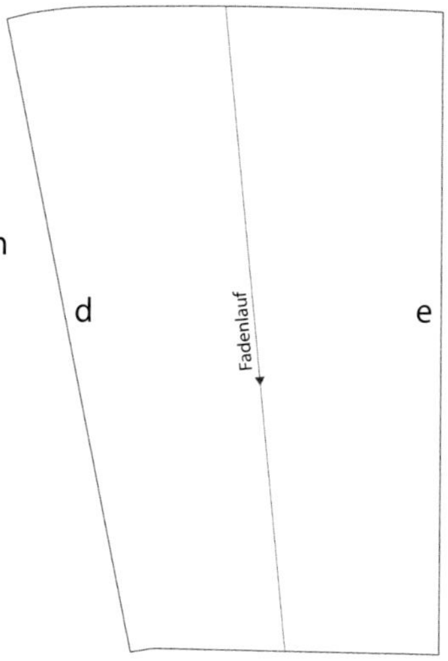


Wurm 4
2x Stoff 7 (identisch zuschneiden)
2x Stoff 8 (gegengleich zu Stoff 7 zuschneiden)
inkl. 1 cm Nahtzugabe

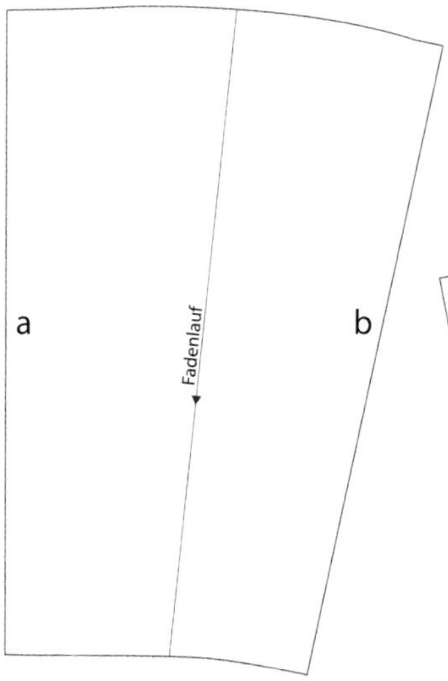


Wurm 1
2x Stoff 1 (identisch zuschneiden)
2x Stoff 2 (gegengleich zu Stoff 1 zuschneiden)
inkl. 1 cm Nahtzugabe

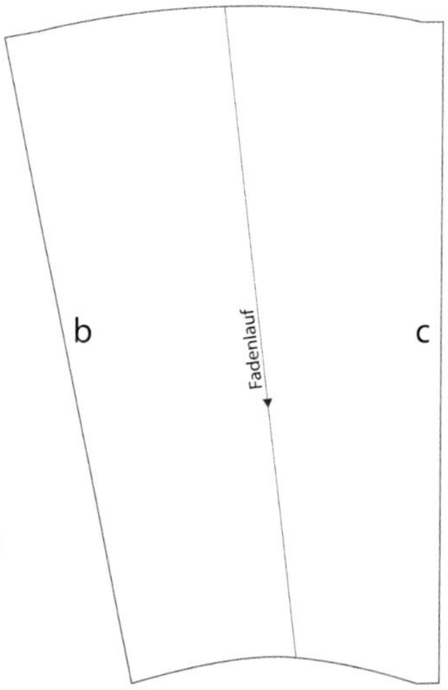


Wurm 2
2x Stoff 3 (identisch zuschneiden)
2x Stoff 4 (gegengleich zu Stoff 3 zuschneiden)
inkl. 1 cm Nahtzugabe

**Baby-Spielkissen „Regenwurm", S. 50 (auf 400 % vergrößern)**

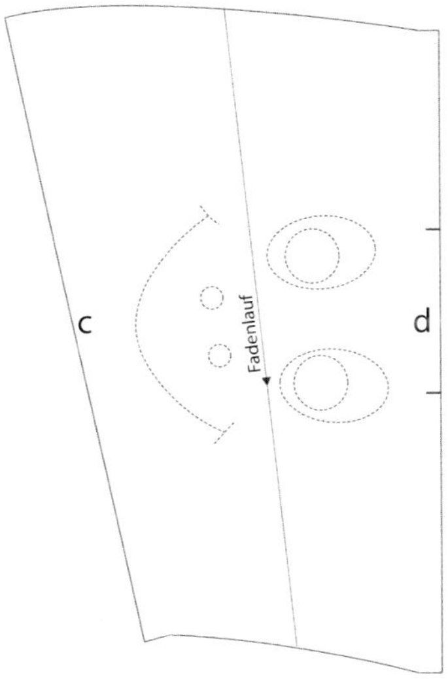


Wurm 3
2x Stoff 5 (identisch zuschneiden)
2x Stoff 6 (gegengleich zu Stoff 5 zuschneiden)
------ Position Gesicht
▬ Position Kordel
inkl. 1 cm Nahtzugabe

Pupille
2x Filz in Schwarz

Auge
2x Filz in Weiß

Nasenloch
2x Filz in Braun

**Pomponkissen, S. 20 (Schemazeichnung)**

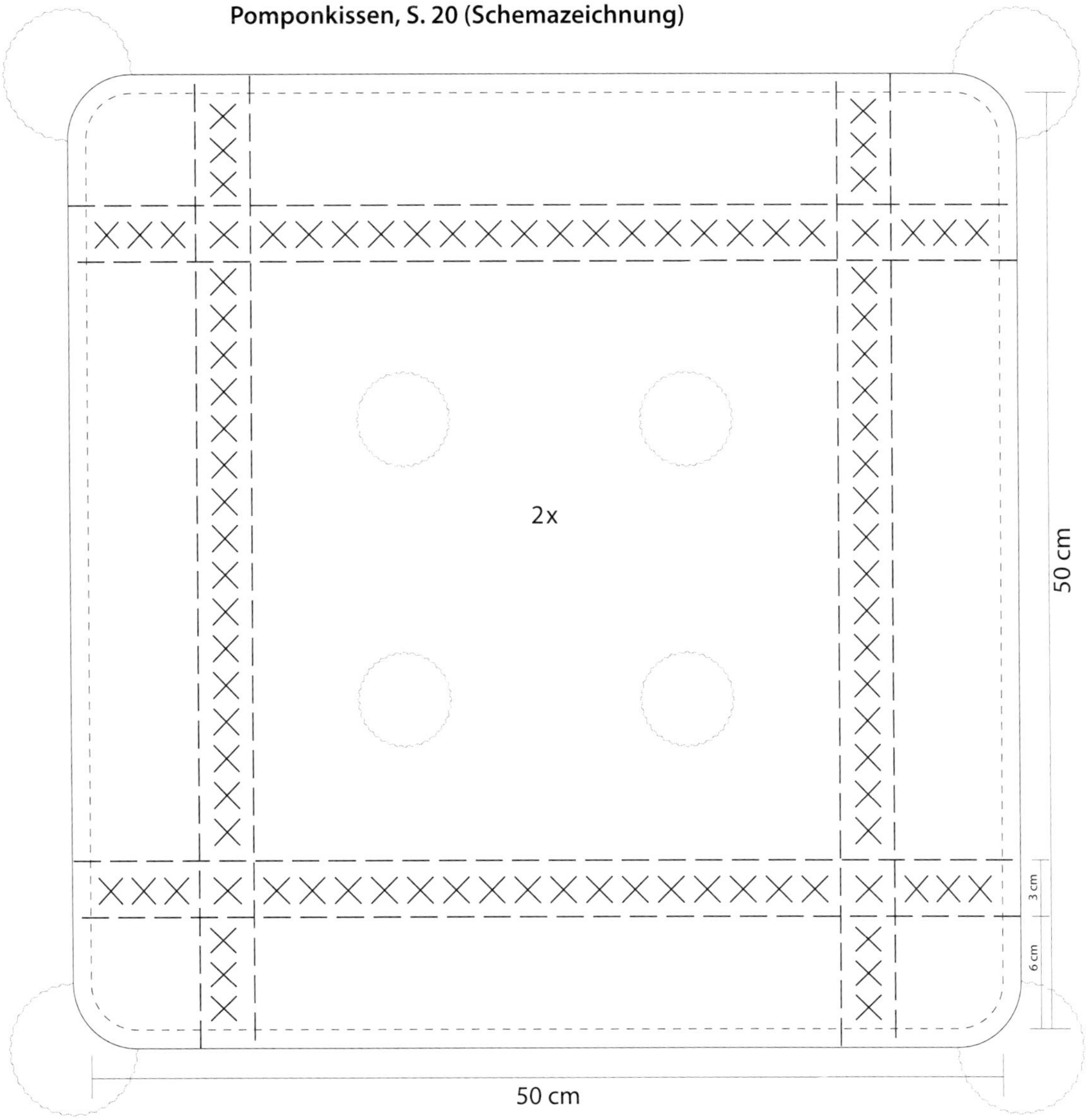


Vorder-/Rückseite
2x Cordsamt in Grün
inkl. 1 cm Nahtzugabe
— — Vorstich in Türkis/Grün
XXX Kreuzstich in Pink

**Knuffiges Löwenkissen, S. 54**
**(auf 200 % vergrößern)**

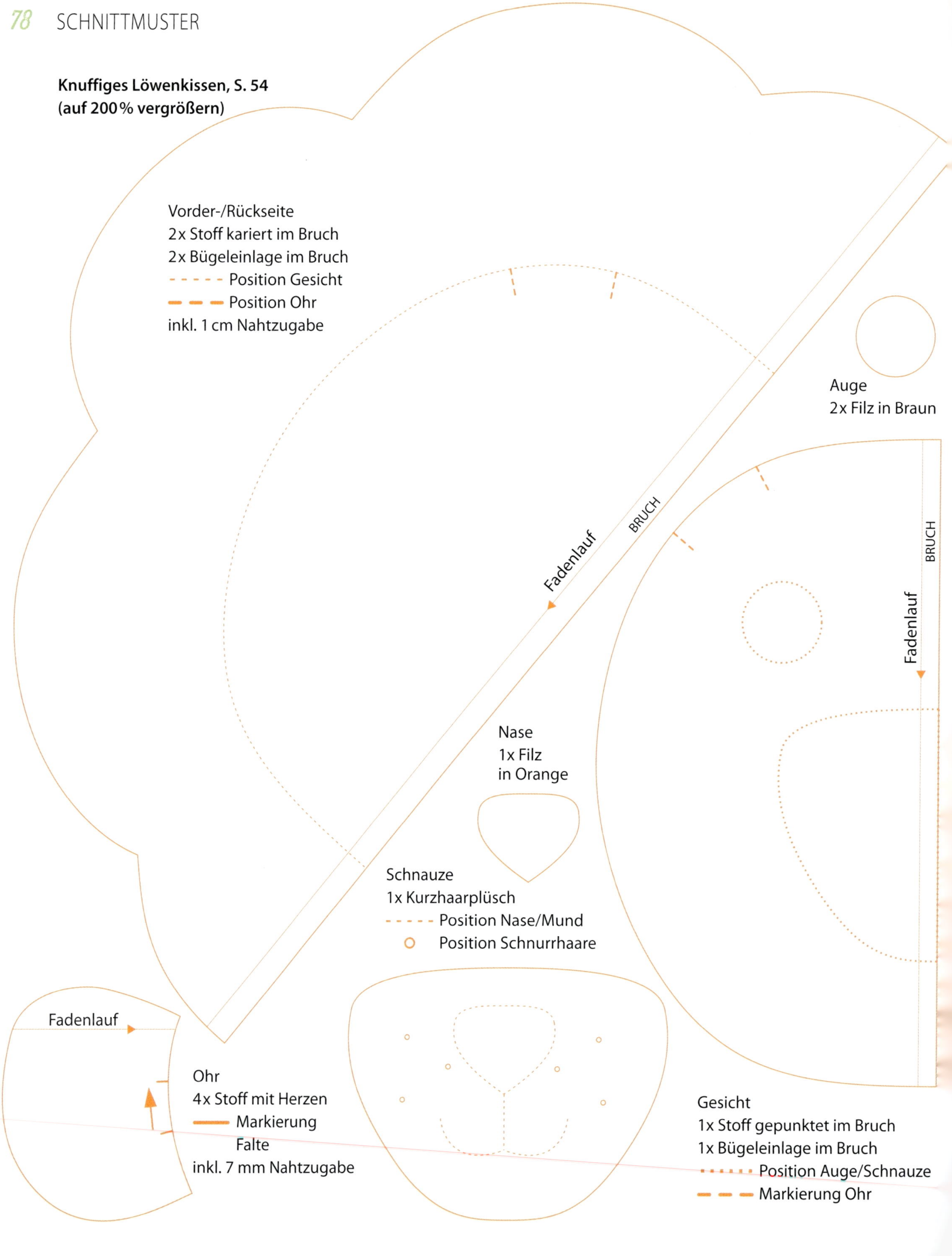

**Galaktisches Raketenkissen, S. 58 (auf 200 % vergrößern)**

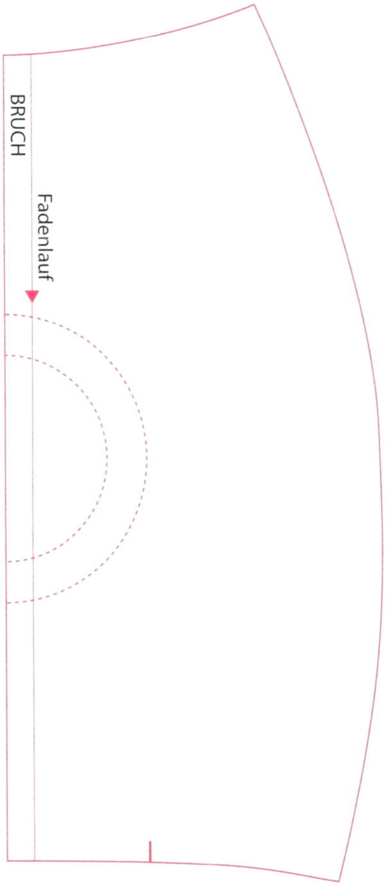


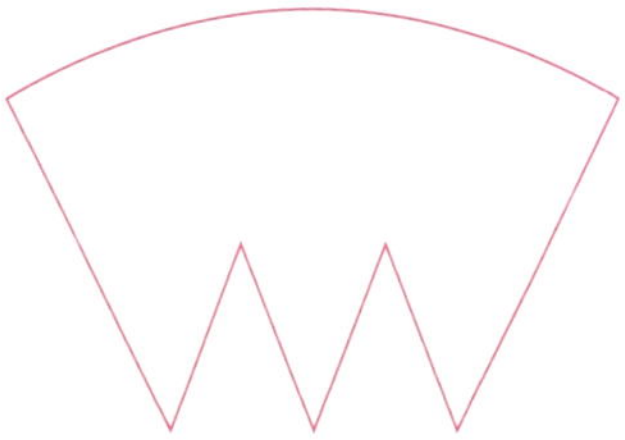

Feuerschweif
3x Filz in Rot
inkl. 1 cm Nahtzugabe

Spitze
3x Stoff mit Rauten im Bruch
inkl. 1 cm Nahtzugabe

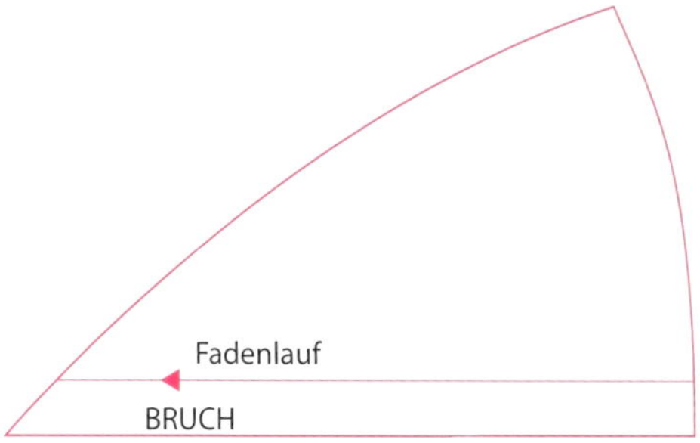


Rumpf
3x Jeansstoff mit Sternen im Bruch
Markierung Feuerschweif
Position Fenster und Rahmen
inkl. 1 cm Nahtzugabe

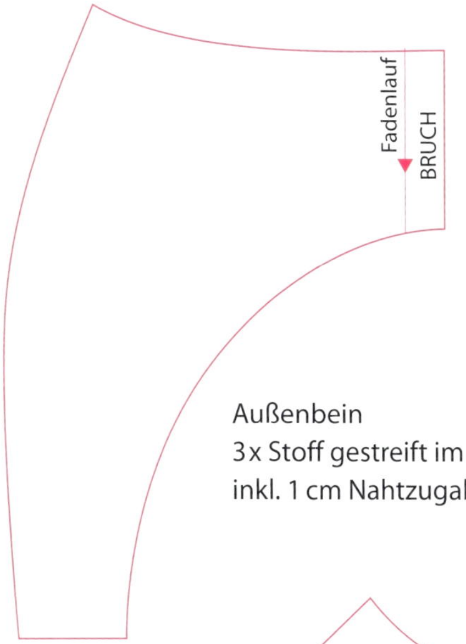


Außenbein
3x Stoff gestreift im Bruch
inkl. 1 cm Nahtzugabe

Fensterrahmen
3x Filz in Rot

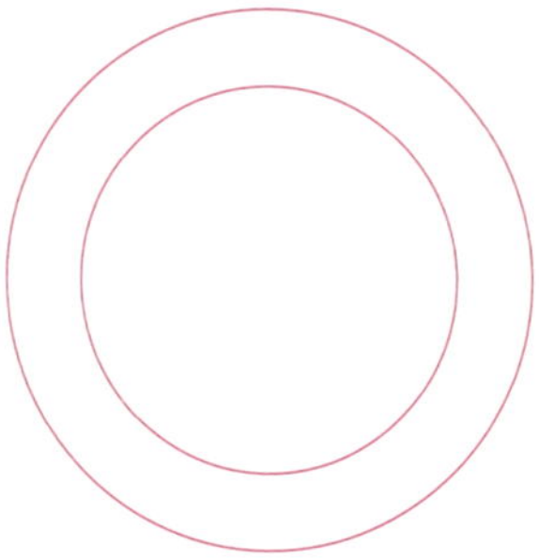

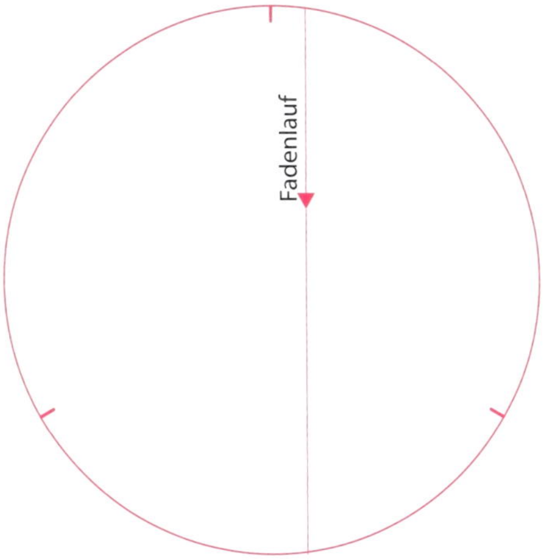


Boden
1x Jeansstoff mit Sternen
Markierung Naht Innenbein
inkl. 1 cm Nahtzugabe

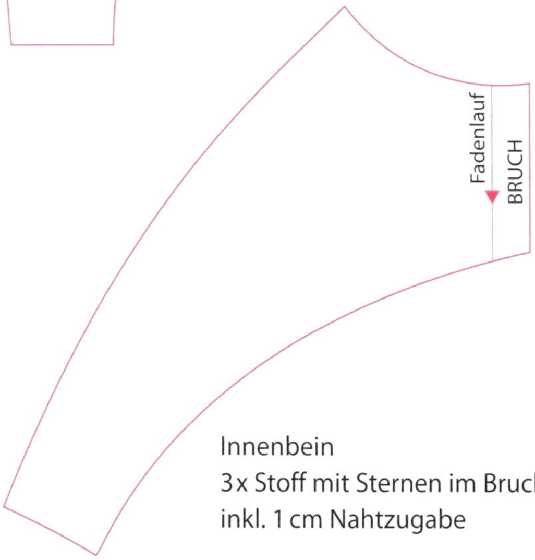


Innenbein
3x Stoff mit Sternen im Bruch
inkl. 1 cm Nahtzugabe

Fenster
3x Stoff mit Sternen

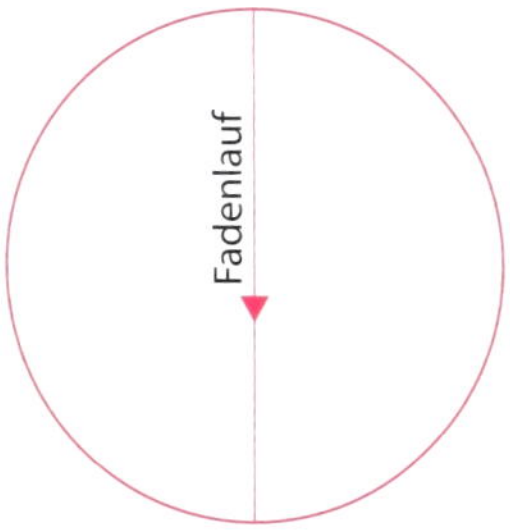

**Wärmflaschen-Kissen „Kleiner Wal“, S. 60 (auf 200 % vergrößern)**

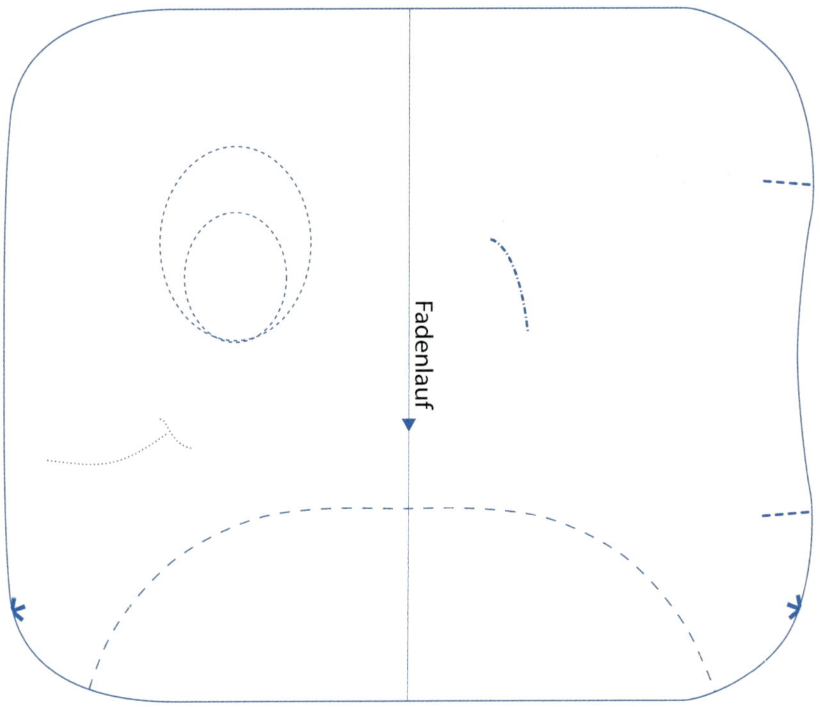


Körper
2x Fleece in Türkisblau
Position Auge
Position seitliche Flosse
Position Schwanzflosse
Position Bauch
Anfang/Ende Reißverschluss
Sticklinie Mund
inkl. 1 cm Nahtzugabe

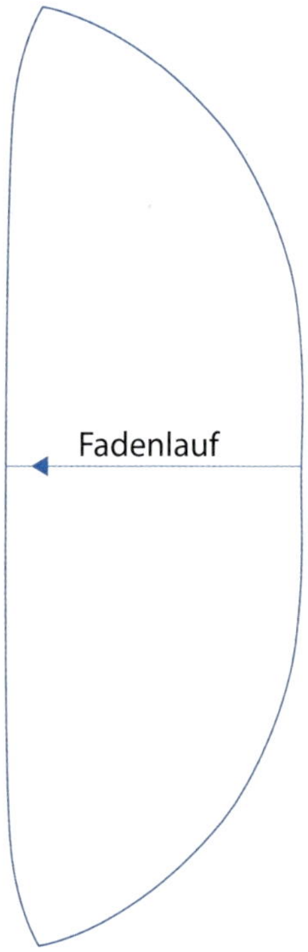


Bauch
1x Stoff in Dunkelblau gemustert
inkl. 1 cm Nahtzugabe

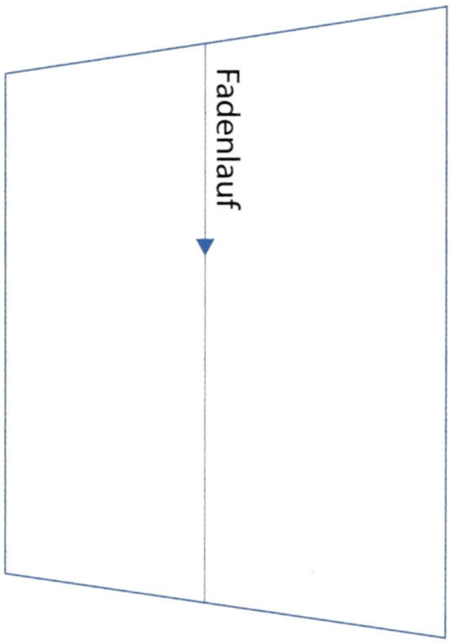


Schwanzflosse
2x Fleece in Türkisblau
2x in Hellblau gemustert
inkl. 1 cm Nahtzugabe

Seitliche Flosse
4x Stoff in
Hellblau gemustert
inkl. 1 cm Nahtzugabe

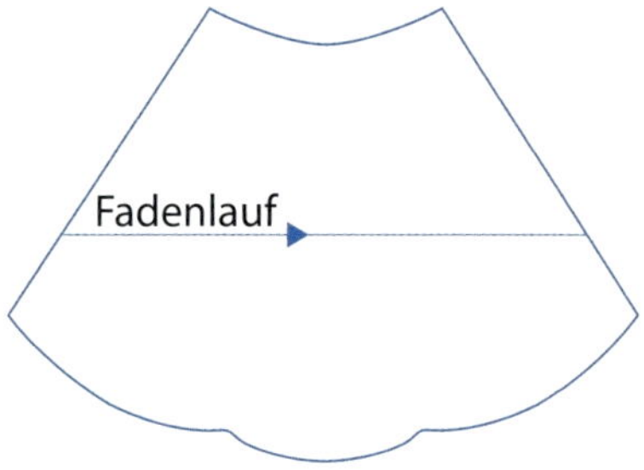


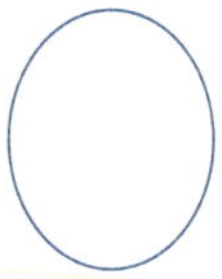

Pupille
2x Filz in Schwarz

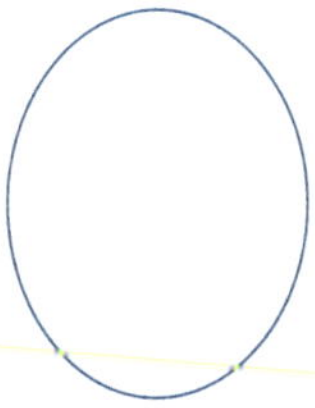

Auge
2x Filz in Weiß